일본사 편지

처음 읽는
이웃 나라 역사

일러두기

1. 한글 맞춤법과 띄어쓰기는 국립국어원의 《표준국어대사전》을 기준으로 하였습니다.
2. 일본 인명과 지명은 국립국어원의 '외래어 표기 용례 자료집'을 따라 표기하였습니다.

일본사 편지

처음 읽는 이웃 나라 역사

강창훈 글 ★ 이갑규 그림

책과함께어린이

'가깝고도 먼 나라'를 넘어서

스시, 기모노, 닌자, 온천, 《이웃집 토토로》, 2002년 한일월드컵 하면 떠오르는 건? "일본!"

야스쿠니 신사, 역사 교과서 왜곡, 종군위안부, 일본해, 다케시마 하면 떠오르는 건? "일본!!"

지진, 쓰나미, 태풍, 방사능 유출 사고 하면 떠오르는 건? "일본……."

일본의 모습은 참 다양하기도 하구나. 이렇게 우리 기분을 좋게 하기도 하고, 나쁘게 하기도 하고, 안타깝게 하기도 하고……. 우리에게 늘 여러 가지 생각을 하게 하는 걸 보면, 일본은 우리와 무척 가까운 나라인 게 분명해.

얼마나 가까운지 한번 따져볼까?

서울에서 일본 수도 도쿄까지 가는 데 걸리는 시간은 비행기로 딱 2시간. 우리나라에서 두 눈으로 볼 수도 있는 나라(맑은 날 부산에서 일본 쓰시마가 보여!).

어디, 거리만 가깝나? 문화도 서로 많이 가까워. 같은 한자 문화권인 데다가 어순이 비슷한 한글과 가나 문자, 쌀을 먹고 젓가락을 쓰는 음식 문화, 여기에 우리나라의 금동 반가사유상과 일본의 목제 반가사유상까지, 닮은 데가 참 많지.

그러나 일본이 늘 가깝게만 느껴지는 건 아니야. 특히 역사를 공부할 때는! 일본은 멀게는 400여 년 전 임진왜란을 일으켜 7년 동안 우리나라를 짓밟은 적이 있고, 가깝게는 100여 년 전에 우리나라를 강점해서 36년 동안 식민 통치를 한 적이 있지. 게다가 일본 정치인들이 망언을 일삼을 때면 일본은 정말 가까이 하고 싶지 않은 나라라는 생각이 들기도 해.

　같은 반에 별로 친하지 않은 아이가 있다고 생각해 보자. 그 아이를 늘 대하지만 제대로 아는 건 거의 없을 거야. 겉모습만 보고 대충 짐작만 할 뿐이지. 우리에겐 일본이 그래. 늘 가까이 있지만 의외로 제대로 아는 것이 별로 없지. 그래서 일본을 '가깝고도 먼 나라'라고 부르는 거야.

　일본은 별로 알고 싶지 않은 나라니까 그냥 무시해도 되는 걸까? 그렇지 않아. 두 나라는 기나긴 역사를 함께 해 왔고, 앞으로도 그럴 거야. 일본은 좋던 싫던 우리가 꼭 알아야 할 나라야.

　일본을 이해하는 가장 좋은 방법은 일본의 역사를 공부하는 거야. 현재 우리가 보고 있는 일본의 모습은 오랜 시간을 거쳐 서서히 만들어진 거니까 말이야. 일본을 이해하는 첫걸음을 잘 뗄 수 있기를 바라는 마음으로 이 책을 썼어.

　이 책을 통해 '가깝고도 먼 나라였던 일본'이 '가깝고도 가까운 나라 일본'이 되면 좋겠구나.

2014년 9월

강창훈

| 차례 |

머리말   4

01 자연재해가 많은 섬나라 : 일본 열도의 탄생   8
★ 한반도에서 건너온 사람들   18

02 '800만' 신이 사는 나라 : 조몬 시대~야요이 시대   20
★ 금도장에 새겨진 글자의 비밀   31

03 태양의 나라 : 아스카 시대   32
★ '일본'이라는 나라 이름은 어떻게 생겨났을까?   43

04 개방적인 일본, 국제적인 일본 문화 : 나라 시대   44
★ 실크로드를 타고 온 보물, 오현비파   56

05 문자를 만들다 : 헤이안 시대   58
★ 신토와 하나가 된 일본 불교   68

06 사무라이의 시대 : 가마쿠라 시대   70
★ 주군을 위해 목숨을 바친 47명의 사무라이   82

07 일본사를 바꾼 세 영웅 : 전국 시대   84
  ★ 서양에 대한 이중적인 태도   96

08 도쿄를 중심으로 하나 된 일본 : 에도 시대   98
  ★ 천하의 부엌, 오사카   108

09 신을 향한 의식, 스모 : 에도 시대   110
  ★ 일본 최고의 종합 공연 예술, 가부키   122

10 덴노는 어떤 존재인가? : 메이지 시대   124
  ★ 야스쿠니 신사 참배, 뭐가 문제야?   138

11 돈가스의 탄생 : 근대   140
  ★ 서양 화가 고흐, 일본 풍속화를 만나다   152

12 지금까지의 일본, 앞으로의 일본 : 현대   154
  ★ 전 세계인의 재앙, 후쿠시마 원전 사고   166

– 《일본사 편지》에 나오는 일본과 우리나라의 흐름 비교 연표   168

| 유네스코 세계자연유산에 등재된 일본의 대표 화산 후지산

· 일본 열도의 탄생 ·

자연재해가 많은 섬나라

01

조몬 시대 기원전 1만 년경
세계 최초의 토기 탄생

야요이 시대 기원전 300년경
한반도에서 벼농사와 철기 전파

아스카 시대 600년대 후반
덴노 칭호를 사용하기 시작

나라 시대 752년
도다이지 대불 완성

헤이안 시대 1000년대 초반
《겐지 모노가타리》 완성

가마쿠라 시대 1185년
최초의 막부 설립

전국 시대 1575년
오다 노부나가, 나가시노 전투에서 승리

에도 시대 1635년
참근교대 제도 시행

에도 시대 1700년대
스모, 스포츠로 정착

메이지 시대 1868년
메이지 유신 시작

근대 1929년
돈가스 탄생

현대 1992년
마이너스 성장 기록

일본은 섬나라야. 크고 작은 섬들이 줄지어 길게 늘어서 있어. 그래서 일본을 '열도'라고 부르기도 해. 일본은 사방이 바다로 둘러싸여 있어. 바다는 두 가지 역할을 해. 외부로부터 나라를 보호해 주기도 하고 밖으로 나가지 못하게 막기도 하고. 때로는 외부와 연결해 주는 다리 역할을 하기도 하지.

일본 열도의 특징을 하나 더 들어 볼까? 바로 환태평양 조산대에 속해 있다는 점! '조산대'란 지각이 불안정해서 화산이나 지진이 자주 발생하는 지대를 말해.

또 일본은 섬들이 남북으로 길게 늘어서 있는 나라야. 북위 20도에서 45도까지 걸쳐 있지. 일본의 중부 지방은 우리나라와 기후가 비슷해. 온대 지역이고 사계절도 뚜렷하지. 그러나

列島
늘어설 열 섬 도

남부와 북부는 달라. 남부 지방은 아열대나 열대 기후 지역이고, 북부 지방은 냉대나 아한대 기후 지역이야. 여름에는 태풍, 겨울에는 폭설이 자주 발생하지.

바다로 둘러싸인 섬나라이고 화산과 지진, 태풍과 폭설이 잦은 환경. 이런 독특한 자연 조건 속에서 일본의 역사는 시작되었단다.

일본 열도의 탄생

일본은 우리나라의 동해 저편에 있어. 태평양에 등을 비스듬히 기댄 채 우리나라를 바라보며 앉아 있지. 일본은 네 개의 큰 섬과 7000개 가까이 되는 작은 섬들로 이루어져 있어. 3000개가 넘는 우리나라보다 섬이 두 배나 더 많구나.

현재 일본 열도는 한반도와 마주 보고 있어. 하지만 맨 처음부터 그랬던 건 아니야. 아주 먼 옛날에는 일본 열도가 없었어! 일본 열도를 손으로 가리고 지도를 한번 봐. 한반도 오른쪽이 바로 태평양이었겠구나.

일본 열도가 생긴 건 지금으로부터 2500만 년 전쯤에 일어난 화산 활동 때문이야. 당시 한반도는 유라시아 대륙판에 속해 있었어. 그런데 태평양을 떠받치고 있던 해양판이 점점 가까이 다가왔어. 결국 두 판은 충돌했고 해양판이 대륙판 아래를 파고들기 시작했지. 그 충격이 얼마나 컸는지 마찰열이 생겨났고 바닷

속에서 마그마가 뿜어져 나왔어. 이곳저곳에서 나온 마그마들은 점점 식고 쌓이고를 반복하며 높아지더니 바다 밖으로 불쑥 솟아올랐어. 부채꼴 모양으로 줄지어 늘어선 채로 말이야.

일본 열도는 서서히 움직여 지금의 위치에 도달했고, 한반도와 바다를 사이에 둔 채 마주 보게 되었어. 그런데 둘 사이가 육지로 연결된 적도 있어. 빙하기 때였지. 빙하기는 지구 전체의 기온이 낮아져 바닷물이 얼고 해수면이 낮아지는 시기야. 지금부터 60만 년에서 10만 년 전쯤 일본 열도는 한반도, 중국 대륙과 육지로 연결되어 있었어. 물론 지금의 동해 가운데 일부 지역은 워낙 깊어서 호수가 되었지만 말이야.

그럼, 일본 열도에 사람이 살게 된 건 언제부터일까? 아마도 빙하기 때 대륙에서부터 육지를 걸어서 왔을 거야. 그러고는 다른 지역 구석기 시대 사람들처럼, 불을 사용하고 뗀석기로 채집과 수렵을 하며 살았겠지?

세계 최초로 토기를 만든 조몬 시대 사람들

기원전 1만 년쯤이 되자, 지구 전체의 기후가 바뀌기 시작했어. 기온이 높아져 빙하가 북쪽으로 물러났지. 빙하기가 끝나자 세계 여러 곳의 모습이 많이 바뀌었어. 한반도와 일본 열도도 그랬지.

한반도는 빙하가 녹으면서 해수면이 다시 높아졌고, 지금처럼 삼면이 바다인 반도가 되었어. 대륙과 연결되어 있었던 일본은 다시 '열도'가 되어 버렸지. 지금 우리가 지도에서 보는 일본 열도의 모습은 바로 그때 만들어진 거야.

이 무렵 또 하나 중요한 일이 있었어. 구석기 시대가 끝나고 신석기 시대가 시작되었지.

신석기 시대는 여러 가지 특징이 있지만, 가장 중요한 걸 말하라면 토기를 빼놓을 수 없을 것 같아. 빗살무늬 토기 알지? 한반도의 신석기 시대를 대표하는 토기잖아. 일본 열도 사람들도 토기를 만들었어. 그런데 일본 열도에서 나온 토기를 보면 우리나라 것과 달라.

흙을 반죽해서 그릇 모양을 만드는 것까지는 빗살무늬 토기와 같아. 문제는 그 다음부터야. 일본 열도의 토기는 새끼줄 무늬를 찍었어. 꼬아 놓은 끈을 덜 마른 토기의 표면에 누르면서 굴리는 방법으로 말이야. 그러고 나서 구우면 토기 완성! 이 토기를 '조몬(승문)' 토기라고 부르는데, 새끼줄 무늬가 새겨진 토기라서 그렇게 부른단다.

이 토기는 기원전 1만 년경, 그러니까 신석기 시대가 시작될 무렵에 만들어진 거야. 그래서 일본에서는 신석기 시대를 '조몬

繩文
노끈 승 글월 문

일본 열도의 조몬 토기(왼쪽)와 한반도의 빗살무늬 토기(오른쪽)
왼쪽도 토기인 건 분명한데, 우리나라 박물관에서는 본 적이 없는 토기 같아. 무척 낯선 모습이지? 윗입술 부분에 구멍이 나 있어. 끈을 매달기 위해 뚫은 것 같아. 토기 테두리에는 새끼줄 모양으로 무늬들이 잔뜩 새겨져 있어.

시대'라고 불러. 조몬 토기는 지금까지 세계에서 발굴된 것 가운데 가장 오래된 거라고 해.

그런데 한 가지 궁금한 점. 같은 신석기 시대 토기인데 조몬 토기가 빗살무늬 토기와 생김새가 다른 이유는 뭘까?

그건 일본 열도가 대륙과 분리되고 나서 만들어진 거라서 그럴 거야. 한반도 사람들은 서쪽의 중국 대륙이나 북쪽의 시베리아 문화의 영향을 많이 받았어. 그러나 일본 열도 사람들은 바다로 고립되고 나서 대륙 문화의 영향을 거의 못 받았어. 그러다 보니 자기들만의 독특한 생각으로 토기를 만들었겠지. 섬이라는 자연환경 때문에 생활 문화에도 차이가 생긴 거야.

일본이 섬이라서 생긴 차이점은 또 있어. 바로 농경과 목축이야. 중국 대륙과 한반도에서 농경과 목축이 한참 이루어지는 동안에도, 일본 열도 사람들은 여전히 채집과 수렵으로 먹고 살았어. 그 이유는 뭘까? 농경과 목축을 배우지 못해서였을까? 아니면 채집할 채소와 해산물이 충분하니까 굳이 그런 기술을 배울 필요가 없었던 걸까? 두 가지 모두 답이 될 수 있을 것 같구나.

이때의 일본에서는 중국이나 한국의 신석기 시대와 달리 농경과 목축이 이루어지지 않았어. 그래서 조몬 시대를 신석기 시대로 볼 수 없다고 주장하는 학자도 있단다.

애니미즘의 발달

환태평양 조산대에 속해 있는 일본 열도에는 화산이 150개가 넘어. 게다가 그중 80개는 활화산이야! 지진도 정말 잦아. 세계에서 발생한 리히터 규모 6.0 이상의 지진 중에서 20퍼센트가 일본에서 발생한 거란다. 일본 하면 빼놓을 수 없는 자연재해, 또 있지? 바로 태풍이야. 매년 여름과 가을에 평균 30차례 정도 일본 열도를 지나간다고 해.

화산과 지진, 태풍이 잦았던 건 조몬 시대 때도 마찬가지였을 거야. 그럼 조몬 시대 사람들은 자연재해를 어떻게 극복했을까?

자, 이런 상상을 한번 해 보자. 어제까지만 해도 아무 일 없이 평온했던 산이 오늘 갑자기 연기와 용암을 뿜고 화산재를 토해낸다. 발 딛고 서 있는 땅이 갑자기 위아래 좌우로 마구 흔들리고 갈라진다. 구름 한 점 없는 맑은 하늘에 갑자기 먹구름이 몰려들고 거센 비바람을 몰아 나무를 송두리째 뽑고 홍수를 일으킨다.

그러나 조몬 시대엔 재난 경보 시스템도 없고 일기 예보도 없고 아무런 보호 시설도 없었어! 얼마나 무서웠을까?

하늘의 태양, 구름, 바람, 그리고 땅의 산, 토지, 강, 바다 등등 자연은 당시 사람들에게 두 얼굴을 가진 존재였어. 하루하루 살아갈 수 있게 해 주는 고마운 존재이기도 하고 생명과 터전을 한꺼번에 빼앗는 무서운 존재이기도 했지. 그래서 조몬 시대 사람들은 자연에 존재하는 모든 것에 생명이 깃들어 있다고 생각했단다.

"우리가 잘 대해 주면 은혜를 베풀 거야! 그러지 못하면 우릴 못살게 굴 테지!"

사람들은 자연을 숭배하고 기도하기 시작했지. 이런 생각을 '애니미즘'이라고 해.

사실 애니미즘은 일본에만 있었던 현상은 아니야. 우리나라나 세계 어느 나라에 다 있었지. 그러나 일본만큼 애니미즘이 발달한 나라는 없을 거야. 일본 열도의 자연환경이 그만큼 혹독했기 때문이지.

현대의 일본인들은 자연을 어떻게 생각할까?

건물을 지을 때는 지진에 대비해서 내진 설계를 해. 그

토우
조몬 시대 사람들이 흙으로 만든 인형, 토우야. 여성의 모습을 표현했다는데 더 많은 생명이 태어나길 기원한 게 아닐까 추측돼.

러나 지진이 언제 어디서 어떤 규모로 일어날지 정확히 예측할 수 있는 방법은 아직 없어. 태풍도 마찬가지야. 일기 예보를 보고 대비할 순 있지만, 인명 피해와 재산 피해를 완전히 막는 건 불가능해.

과학이 발달한 지금도 자연재해를 완전히 막을 방법은 없어. 그래서일까? 21세기를 살아가고 있는 일본인들의 마음속에도 자연을 숭배해야 한다는 생각이 남아 있단다.

일본에서 목욕 문화가 발달한 이유

일본은 목욕 문화가 발달한 나라야. 여름에는 덥고 습해서 쾌적한 몸 상태로 자려면 반드시 목욕을 해야 해. 겨울에는 우리나라처럼 온돌이 없기 때문에 체온을 유지하기 위해 목욕을 자주 하지.

그런데 일본에서 목욕 문화가 발달한 이유가 하나 더 있어. 온천 때문이야. 일본은 화산이 많고 화산 활동도 많은 나라잖아. 그래서 질 좋은 온천이 무척 많아. 다 합치면 수천 개나 된다는구나. 특히 일본에는 몸에 좋은 유황이 많이 든 온천이 많아서 한국, 중국을 비롯한 외국 관광객도 많이 찾는단다.

학이 다친 다리를 치료했다는 아키타의 노천 온천

화산과 지진에다 태풍과 폭설까지, 온갖 자연재해의 전시장 같은 나라, 일본. 그러나 자연이 일본인들을 괴롭히기만 하는 건 아닌 것 같아. 온천이라는 좋은 선물을 준 걸 보면 말이야.

한반도에서 건너온 사람들

이 고인돌, 어디서 본 것 같지 않아? 강화도 답사 가본 사람이면 뭔가 떠오르는 게 있을 텐데? 그렇다면 고인돌?

맞아, 이건 일본 규슈 지방에 있는 고인돌이야! 강화도 고인돌하고 정말 닮았지? 다른 나라에서는 이만큼 비슷한 고인돌을 찾기 어려워. 그래서 우린 이 고인돌을 통해 한반도와 일본 열도 사람들이 서로 교류했겠구나 하고 짐작할 수 있어. 그럼 언제쯤이었을까?

일본의 조몬 시대는 1만 년 가까이 계속되다가 기원전 3세기 무렵 새로운 시대를 맞이했어. 그런데 그 계기가 된 것이 바로 한반도에서 건너온 사람들이야.

당시 한반도에서는 벼농사가 이루어지고 있었어. 청동기가 널리 보급되었고, 철기 제작도 막 시작될 무렵이었지. 한반도와 만주 일대에는 고조선을 비롯해서 크고 작은

고인돌 일본 규슈 지방에 있는 고인돌이야.

나라들이 들어서 있었어. 그런데 이 무렵 한반도 사람들이 배를 타고 일본 열도로 건너온 거야. 전쟁이 일어나 피란을 온 걸까? 아니면 더 살기 좋은 곳을 찾아다니다가 흘러 흘러 여기까지 오게 된 걸까?

한반도 사람들은 일본 열도 사람들에게 외계인과 같았어. 한반도의 벼농사와 철기 제작 기술은 엄청난 충격이었지. 지금으로 치면 편지로만 소식을 주고받다가 유선 전화 단계를 건너뛰고 갑자기 스마트폰을 사용하게 된 것과 맞먹는 정도가 아니었을까?

한반도 사람들은 처음에는 규슈에 정착했어. 그러고는 점차 동쪽으로 이동했지. 그들은 조몬 시대부터 일본 열도에서 살았던 사람들과 힘을 합쳐 새로운 시대를 열었단다. 이 시대를 '야요이 시대'라고 불러. 일본 수도 도쿄의 야요이라는 지역에서 이 시대의 특징을 잘 보여 주는 토기가 발견되었기 때문이야.

한반도 문화는 일본 열도에 건너와 더욱 새롭게 꽃을 피웠어. 특히 벼농사가 그랬지. 벼농사가 늦게 시작되긴 했지만, 한반도보다 더 빨리 발전했어. 기후 조건이 더 좋았기 때문이지. 처음 이모작을 시작한 것도, 처음 모내기를 터득한 것도 한반도가 아니라 일본 열도 사람들이었단다.

야요이 시대의 토기
야요이 토기는 한눈에 봐도 조몬 토기와 다르게 생겼지? 표면이 매끈한 것이 우리나라의 민무늬 토기가 떠오르게 하는구나.

| 아사쿠사 신사의 가미나리몬 문

• 조몬 시대~야요이 시대 •

'800만' 신이 사는 나라

02

- **조몬 시대 기원전 1만 년경**
  세계 최초의 토기 탄생
- **야요이 시대 기원전 300년경**
  한반도에서 벼농사와 철기 전파

- **아스카 시대 600년대 후반**
  덴노 칭호를 사용하기 시작
- **나라 시대 752년**
  도다이지 대불 완성
- **헤이안 시대 1000년대 초반**
  《겐지 모노가타리》 완성
- **가마쿠라 시대 1185년**
  최초의 막부 설립
- **전국 시대 1575년**
  오다 노부나가,
  나가시노 전투에서 승리
- **에도 시대 1635년**
  참근교대 제도 시행
- **에도 시대 1700년대**
  스모, 스포츠로 정착
- **메이지 시대 1868년**
  메이지 유신 시작
- **근대 1929년**
  돈가스 탄생
- **현대 1992년**
  마이너스 성장 기록

우리나라 문화유산 중에 가장 많은 건 불교 문화유산이야. 그래서 답사할 때 가장 많이 들르는 곳도 절이지. 그럼 일본은 어떨까? 일본도 우리나라만큼이나 불교가 발전한 나라야. 그러나 일본에는 절보다 더 많은 것이 있어. 바로 '신사'야.

절이 불교 의식을 행하는 곳이라면, 신사는 '신토神道'라는 종교 의식을 행하는 곳이야. 신토? 처음 들어보는 종교지?

신토는 메이드 인 재팬이야. 언제 생겨났는지 정확히는 알 수 없어. 신토는 석가모니나 예수와 같은 성인이 따로 없어. 성인의 가르침을 담아 놓은 경전도 따로 없지. 다만 조몬 시대의 애니미즘과 야요이 시대 무렵 시작된 조상신 숭배가 신토로 발전했을 거라고 추측할 뿐이야.

신토는 어떤 종교이기에 일본인들과 기나긴 역사를 함께해 온 걸까?

자연과 조상 숭배에서 비롯된 종교, 신토

도미를 안고 있는 에비스 신
물고기를 많이 잡게 해 달라고 빌었던 풍어의 신이야. 지금은 사업을 번창하게 해 준다거나 재물을 가져다 준다고 믿고 있지.

조몬 시대에 애니미즘이 생겨났어. 조몬 시대 사람들은 자연의 어느 것 하나 소홀히 대하지 않고 모두 열심히 숭배했지. 하늘, 땅, 태양, 달, 산, 강, 바다, 바람, 천둥 같은 커다란 존재만 신으로 숭배한 것이 아니야. 곡물, 새와 짐승, 심지어 발밑에 구르는 작은 돌멩이 하나까지도 신앙의 대상으로 삼았단다.

조몬 시대가 끝나고 야요이 시대가 시작된 후에도 자연신을 숭배하는 마음은 사라지지 않았어. 오히려 더욱 커졌다고 해야 맞지. 이 무렵은 벼농사를 짓기 시작했을 때야. 벼농사는 수렵이나 채집보다 자연조건의 영향을 더 많이 받을 수밖에 없어. 그래서 특히 태양, 비, 바람, 땅과 같은 농사에 중요한 역할을 하는 신들의 인기가 높았지.

벼농사를 짓기 시작하면서 자연신 못지않게 중요해진 신이 하나 더 있어. 바로 조상신이야. 야요이 시대 사람들은 자신들이 농사를 지을 수 있는 건 조상님들 덕분이라고 생각했어.

"조상님, 훌륭한 기술을 전해 주셔서 감사합

니다! 농사가 잘 되도록 굽어 살피소서!"

특히 벼농사를 지으려면 사람을 많이 모아야 해. 가장 좋은 방법은 같은 조상을 신으로 모시는 것이었어. 제사를 함께 하다 보면 자연스럽게 우리는 조상이 같은 한 가족이고 한마을 사람이라며 단결할 수 있었지.

조몬 시대와 야요이 시대의 자연신과 조상신 숭배는 시간이 지나면서 점점 종교의 모습을 갖추기 시작했어. 신토는 그렇게 해서 생겨난 거란다.

신토의 신은 정말 많고 다양해. 태양의 신, 바다의 신, 우물의 신, 바람의 신, 나무의 신, 산의 신, 들의 신, 새의 신, 불의 신, 농산물의 신 등등. 어디 그뿐이야? 자기 조상들도 신으로 모시고, 죽어서 이름을 남긴 유명한 역사 인물도 신으로 모셔. 그 수가 얼마나 많은지, 일본인들은 신토의 신이 800만이라고 말하곤 해. 물론 실제로 계산해서 나온 수치는 아니고, 아주 많다는 의미로 '800만'이라는 숫자를 사용하는 것뿐이지만 말이야.

신토도 다른 종교처럼 제사 지낼 장소가 필요했어. 처음에는 그런 장소가 따로 없었어. 그때그때 만들었지. 우선 적당한 곳에 신성한 나무를 세우고 나뭇가지에 거울과 같은 제기를 걸었어. 그러고는 신이 그곳에 내려오기를 기다렸다가 제사를 지내곤 했지.

그러나 제사의 규모가 점점 커지고 의례와 절차도 복잡해졌

'이웃집 토토로'도 신토의 신?

〈이웃집 토토로〉라는 일본 애니메이션을 본 적 있어? 본 적 없다면 내용을 간단히 소개할게.

이 영화는 언니 사쓰키와 여동생 메이가 주인공이야. 자매는 아빠와 함께 도시에서 시골로 이사를 왔는데, 엄마는 아파서 읍내 병원에 입원해 있어.

메이는 아빠가 출근하고 언니가 학교를 간 사이에 혼자 놀다가 숲에서 길을 잃었는데, 그때 토토로를 처음 만나. 토토로는 부엉이와 너구리를 합성해 놓은 것처럼 이상하게 생겼지만 귀엽기도 한 동물이야. 그날부터 두 자매는 토토로와 친구가 되었어.

그러던 어느 날 엄마의 퇴원이 연기되었다는 소식을 들은 메이가 혼자 엄마한테 가겠다고 길을 나섰고, 사쓰키는 메이를 찾아 나섰지만 찾을 수가 없었어. 이때 사쓰키는 토토로를 떠올렸어. 사쓰키는 토토로 덕분에 고양이 버스를 타고 메이를 찾았고 엄마가 있는 병원으로 함께 갈 수 있었단다.

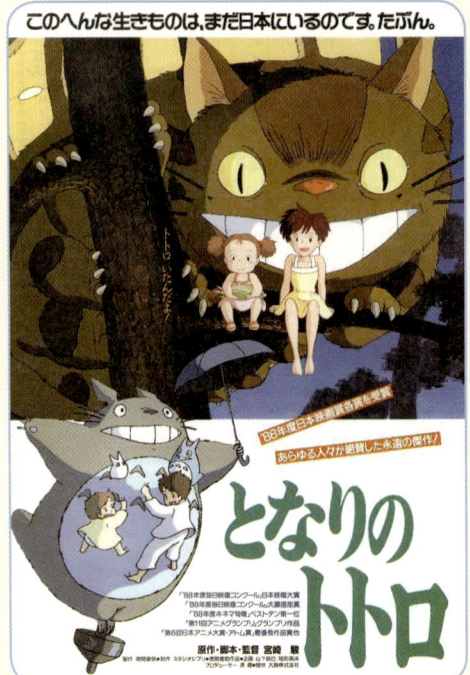

영화 〈이웃집 토토로〉의 포스터

이 애니메이션에 등장하는 토토로는 물론 실제로 존재하는 동물이 아니야. 두 자매가 상상한 동물일 뿐이지. 어려움이 닥쳤을 때마다 도와줄 수 있는 존재가 필요했고, 그럴 때마다 토토로를 떠올렸던 거야. 그런 점에서 토토로 역시 신토의 신이었다고 할 수 있지.

토토로를 통해 알 수 있는 사실이 한 가지 더 있어. 일본인들이 믿는 신토의 신 중에는 권위적이거나 성스러운 신만 있는 게 아니라, 이웃에 사는 친구 같은 신도 있다는 것!

어. 신을 모시고 제사를 지낼 성스러운 장소가 따로 필요해졌지. 그렇게 해서 탄생한 것이 바로 신사야.

신사 둘러보기

일본인들에게 어느 종교를 믿느냐고 물어보면, 신토라고 대답하는 사람은 겨우 3~4퍼센트밖에 안 된대. 그러나 설날 같은 명절 때 신사를 찾는 사람이 전체 인구의 3분의 2가 넘을 정도란다. 우리가 새해를 맞이할 때 종각에서 제야의 종소리를 듣거나 동해에 가서 새해 일출을 보는 동안, 일본인들은 신사를 참배하는 거지. 일생에서 중요한 순간을 맞이할 때도 신사에 가. 아이가 태어났을 때, 돌이 되었을 때, 결혼을 할 때 등등. 규모가 큰 신사를 찾기도 하고 동네의 작은 신사를 찾기도 하지. 일본인들이 생활 속에서 늘 가까이 하는 신사를 우리도 한번 찾아가 볼까?

參拜
간여할 참 절 배

   신사를 찾아가려면 먼저 숲길을 걸어야 해. 우리나라 절은 산속에 있는 경우가 많지만, 일본의 신사는 주로 숲속에 있거든. 일본인들은 '신사' 하면 바로 숲을 떠올린다는구나. 일본에서 신토를 '숲의 종교'라고 부르는 것도 그 때문이야.

🐍 신사 둘러보기

도리이
숲길을 걷다 보면 어느새 한글 모음 ㅠ 모양으로 생긴 문 앞에 도착해. 이걸 도리이라고 한단다. 신사의 정문으로 "지금부터 신사입니다!"라고 쓴 표지판과 같은 역할을 하지.

데미즈야
신을 만나러 배전으로 가기 전에 잠깐 들러야 하는 곳이야. 이곳에서 양손과 입을 닦지. 몸과 마음을 깨끗하게 하기 위해서야.

배전
이제 배전으로 들어갈 차례야. 이곳에서는 신에게 절을 하고 기도를 해. 돈을 기부하거나 방울이 달린 줄을 흔들거나 손뼉을 치면서 말이야. 그런데 배전 안을 들여다보면 절의 불전과 다른 점이 하나 보일 거야. 불전에는 부처님을 형상화한 불상이나 불화가 있는데, 배전에는 신의 모습을 담은 조각상이나 그림이 없어. 신사에는 원래 그런 것이 없나? 아니야. 있는데 보이지 않을 뿐이지. 배전 뒤편에 있는 본전에 모셔져 있어.

이즈모 신사
800만 신이 일 년에 한 번 모인다는 이즈모 신사야.

　일본에는 크고 작은 신사가 10만 곳이 넘는다고 해. 그중에서 하나만 소개할까 해. 이즈모 신사는 참 재미있는 신사야. 한 마디로 말해서, '신의 나라'의 국회의사당이지. 일 년에 한 차례씩 전국의 800만 신들이 모두 이곳에 모여 회의를 한다는구나.

　매년 음력 10월 10일, 전국의 신들은 자기가 머물던 신사를 잠시 비운 채 모두 이즈모 신사로 모여 일주일 동안 회의를 하지. 그래서 800만 신의 침실도 따로 마련해 두었다는구나.

　신들이 모두 한곳에 모이니까 사람들도 가만히 있지 않겠지? 전국의 모든 신들을 한꺼번에 참배할 수 있는 절호의 기회! 이 기간 동안 이즈모 신사는 수많은 일본인들로 북적댄다는구나.

신과 인간이 어우러지는 축제의 장, 마쓰리

아래 사진을 봐. 사람들이 화려하게 장식된 가마를 메고 어깨춤을 추면서 걸어가고 있어. 가마 속에는 누가 타고 있을까? 가마가 무거워 보이는데도 사람들은 어쩜 저렇게 흥겨운 표정일까?

사람들은 평소에 신사를 참배해. 그러나 신을 직접 만날 수 있는 건 아니야. 신은 늘 본전에 모셔져 있으니까 두 눈으로 볼 기회가 없지. 사람들은 신을 직접 만날 수 없는 게 안타까울 거야. 본전에 늘 머물고 있는 신도 답답하기는 마찬가지겠지?

사람들은 고민 끝에 이런 결정을 내렸어.

마쓰리 장면
도쿄 유시마텐만구 신사에서 열린 마쓰리야. 화려한 가마를 여러 사람이 메고 가는 행렬이 보이지? 일본 마쓰리에서 중요한 절차 중 하나란다.

"일 년에 한 번은 신을 인간 세상에 초대하자. 맛있는 음식도 대접하고 춤도 추고 노래도 부르면서 함께 즐기자!"

그럴싸한 아이디어지? 일본의 전통 축제 마쓰리는 이렇게 탄생하게 된 거야.

마쓰리는 농촌에서 한 해 농사를 시작할 무렵이나 추수를 모두 마친 뒤에 했어. 풍년을 기원하거나 풍년이 들게 해 준 신에게 감사하는 뜻을 담았지. 도시가 발달하면서 도시 마쓰리도 생겨났어. 도시에서는 질병이 많이 발생하는 여름에 주로 행했어. 신에게 질병을 이길 수 있게 해 달라고 기도했지.

마쓰리가 열리기 전, 사람들은 가장 먼저 신을 맞이할 준비를 해. 좋은 음식을 장만하고, 몸을 깨끗이 하고 예쁘게 치장을 하지. 준비가 끝나면 마쓰리가 시작돼. 사람들은 신사의 본전에 가서 신의 상징물을 꺼낸 후 가마에 실어. 그리고 다 함께 가마를 메고 동네나 시가지를 돌아다니지. 신이 행차하는 곳마다 축복이 가득하기를 기원하면서 말이야.

사람들은 마쓰리를 준비하고 치르는 동안 서로 결속력을 다지기도 해. 또 마쓰리 기간 동안 흥겹게 놀면서 그동안 쌓였던 스트레스도 풀지. 오랜 역사를 지닌 마쓰리는 지금까지도 계속되고 있단다.

금도장에 새겨진 글자의 비밀

금빛 나는 직육면체 위에 거북 모양의 조각상 하나가 웅크리고 앉아 있어. 이걸 들어서 바닥면을 보면 무언가가 새겨져 있어. 이건 도장이야. 게다가 귀한 금으로 만들었지. 이 도장의 정체는 뭘까?

이 금도장은 지금부터 약 200여 년 전, 일본 규슈의 후쿠오카에 있는 밭에서 발견된 거야. 바닥에 새겨진 글자를 읽어 보면, '한위노국왕'이라고 새겨져 있어. 해석하면 이런 뜻이야. '한나라 황제가 왜의 노국 왕에게 주는 도장'.

한나라는 우리나라의 고조선을 멸망시킨 중국 대륙의 강대국이었어. '위'는 '왜'를 뜻하는 말로 짐작돼, 왜는 당시 중국에서 일본 열도를 가리켜 부르던 이름이지. 노국은 야요이 시대 때 일본 열도에 있었던 나라 이름이야.

한나라 황제가 일본 열도의 노국 왕에게 도장을 하사한 이유는 뭘까?

야요이 시대가 시작된 후 작은 마을들은 서로 합쳐져 큰 마을이 되었고, 큰 마을들은 서로 합쳐져 작은 나라가 되었어. 이렇게 생긴 작은 나라가 일본 열도에 100여 개나 되었는데, 위에서 말한 노국도 그런 나라들 가운데 하나였지.

노국 왕은 일본 열도의 여러 나라 왕들 중에서 최고가 되고 싶었어.

"대륙의 선진국 한나라 황제에게 인정을 받으면 다른 나라 왕들이 내게 고개를 숙이겠지."

노국 왕은 한나라에 사신을 보내 신하가 되겠다고 맹세했고, 한나라 황제는 신하로 삼겠다며 노국 왕에게 증표를 주었어. 그게 바로 '한위노국왕'이라 새겨진 금도장이었던 거야.

일본 열도의 작은 나라들은 서로 정복하고 당하기를 되풀이하면서 서서히 몇 개의 세력으로 통합되어 갔어. 중국 대륙과 가까이 지낸 나라들이 통합을 주도했지. 그걸 잘 보여 주는 것이 바로 이 금도장이야. 중국 대륙의 영향이 컸다는 증거라고 할 수 있지.

금도장
일본에서 발견된 금도장이야. 바닥에 한자로 '한위노국왕'이라 새겨져 있어.

| 태양의 신 아마테라스를 모신 신사

• 아스카 시대 •

태양의 나라

03

- **조몬 시대 기원전 1만 년경**
  세계 최초의 토기 탄생
- **야요이 시대 기원전 300년경**
  한반도에서 벼농사와 철기 전파
- **아스카 시대 600년대 후반**
  덴노 칭호를 사용하기 시작

- **나라 시대 752년**
  도다이지 대불 완성
- **헤이안 시대 1000년대 초반**
  《겐지 모노가타리》 완성
- **가마쿠라 시대 1185년**
  최초의 막부 설립
- **전국 시대 1575년**
  오다 노부나가,
  나가시노 전투에서 승리
- **에도 시대 1635년**
  참근교대 제도 시행
- **에도 시대 1700년대**
  스모, 스포츠로 정착
- **메이지 시대 1868년**
  메이지 유신 시작
- **근대 1929년**
  돈가스 탄생
- **현대 1992년**
  마이너스 성장 기록

일장기

　일본의 국기, 일장기야. 딱 보면 어떤 생각부터 들어? 난 이런 생각! "그리기 참 쉽겠다!"

　초등학교 수업시간에 태극기 그렸던 기억이 나는구나. 붉은색과 푸른색의 태극문양과 검은색 4괘를 비율에 맞춰 그려야 하는데, 잘못 그려서 처음부터 다시 그렸던 아픈 기억이! 태극기에 비하면 일장기는 너무나도 단순해. 물론 단순해서 강렬한 느낌을 주기도 하지만 말이야.

　일본의 국기는 왜 이런 모습이 된 걸까? 붉은 원은 뭘 상징하는 걸까?

　답은 의외로 쉽게 찾을 수 있어. '일본'이라는 나라 이름의 뜻을 따져보면 돼. 일본은 한자로 '日本'이라고 해. 日은 태양을 뜻하고, 本은 근본을 뜻해. 그러니까 '일본'에는 '태양을 근본으로 삼은 나라' 또는 '해가 떠오르는 나라' 정도의 뜻이 담겨 있지.

그렇다면 일장기의 붉은색 원은 태양을 상징하는 것이 아닐까?

국기를 봐도 그렇고 나라 이름을 봐도 그렇고, 일본은 태양과 관계가 깊은 나라인 것 같구나. 일본은 언제부터, 왜 태양을 중요하게 여기게 된 걸까?

주인을 알 수 없는 무덤들의 시대

벼농사와 철기가 발달했던 야요이 시대에 일본 열도에는 100여 개의 작은 나라들이 있었어. 시간이 흐르고 흘러 정복하고 당하기를 반복하면서 강력한 몇 개의 세력으로 통합되어 갔지. 지금부터 이 무렵의 이야기를 해 볼까 해.

옆의 사진을 봐. 위에서 내려다보며 찍은 거야. 초록색 숲 같은 것이 군데군데 보이지? 그런데 모양이 다들 너무 비슷해 보이지 않아?

이걸 보고 자연적이지 않고 인공적이라는 느낌이 들었다면 제대로 본 거야. 이건 무덤이야. 그런데 무덤이 굉장히 커 보이는구나. 이 정도면 왕들이 묻힌 무덤이 분명해. 이런 무덤군은 일본 각지에 흩어져 있어.

그러나 무덤의 주인공이 누구인지, 그들이 다스린 나라의 이

오사카 평야의 후루이치 고분군
4세기부터 6세기까지를 가리켜 고분 시대라 해. 초록색의 크고 작은 숲처럼 보이는 게 고분 시대에 만들어진 무덤들이야.

름이 무엇인지는 아직 몰라. 역사책에도 기록되어 있지 않고, 무덤에서도 그 흔적을 찾을 수가 없어. 그래서 역사학자들은 이 무덤들이 만들어진 시기를 '고분 시대'라고 부른단다. 야요이 시대 다음에 고분 시대가 이어지는 거야.

이쯤에서 고분 시대의 무덤을 하나 골라서 자세히 살펴보자. 이 무덤은 우리가 흔히 생각하는 무덤과는 모양이 많이 달라. 꼭

古墳
옛 고 무덤 분

열쇠 구멍처럼 생겼구나. 사진으로만 봐서는 무덤이 얼마나 큰지 잘 모르겠지? 놀랄 준비부터 하라고! 이 무덤의 높이는 36미터이고, 길이는 무려 486미터나 돼.

무덤 둘레에는 죽은 자를 위해 함께 묻은 부장품들이 놓여 있어. 특히 흙을 빚어 만든 부장품이 많은데, 일본에서는 '하니와'라고 해. 주위에 호수 같은 것이 보이지? 외부의 침입을 막기 위해 만든 건데, 그것도 3중으로 되어 있어. 학자들이 계산을 해 보았는데, 이 정도 규모의 무덤을 완성하려면 매일 2000명이 16년 동안 작업을 해야 할 정도라고 해. 정말 엄청나지?

副葬品
도울 부 장사지낼 장 물건 품

다이센 고분
일본에서 가장 큰 고분이야. 길이로 따지면 세계에서 가장 긴 무덤이기도 하지. 제 16대 왕인 닌토쿠 대왕의 무덤이란다.

집 모양 하니와

야마토 왕조의 탄생

고분 시대가 끝날 무렵, 일본 열도에는 하나의 강력한 세력이 등장했어. 바로 야마토 왕조. 야마토 왕조도 처음에는 작은 나라에 불과했지만, 점차 세력을 키워 여러 나라들 사이에서 우두머리가 되었단다.

일본 열도의 맹주가 된 야마토 왕조의 왕은 스스로를 왕 중의 왕이라는 뜻으로 대왕이라고 부르게 했어. 그리고 수도를 아스카 지역으로 옮겼기 때문에 이때부터를 아스카 시

무녀 모습의 하니와　　　새 모양 하니와　　　갑옷 입은 하니와

태양의 나라 | 37

대(6~8세기 초)라고 한단다.

야마토 왕조는 대왕이라는 칭호를 사용하긴 했지만, 주변 지역을 완전히 통합할 만큼 압도적인 힘을 가졌던 건 아니야. 다른 나라 왕들은 야마토 왕조의 호족이 되어 대왕에게 복종했지만, 언제 어떻게 저항할지 모르는 위험한 존재였지. 그런데 이 무렵 등장하여 야마토 왕조의 기초를 튼튼하게 다진 사람이 있어. 바로 덴무 대왕이야.

덴무 대왕이 가장 먼저 한 일은 호족들의 힘을 꺾는 것이었어. 그들의 경제 기반인 토지를 **빼앗아** 백성에게 나누어 주었지. 그러자 호족 세력이 약해지고 왕권이 강화되었어. 게다가 백성들이 토지를 경작하여 세금을 내자 나라 살림도 풍족해졌지. 일

석이조!

이제 덴무 대왕은 '대왕'이라는 칭호도 하찮게 여겨졌는지, '덴노(천황)'라는 칭호를 사용하기 시작했어. '덴노'는 왕이나 대왕, 중국의 황제와도 의미가 다른 칭호야. 덴노라는 말에는 인간이면서도 신이라는 뜻이 들어 있어. 즉 덴무 덴노는 자신이 신과 대등한 존재라고 스스로 선언한 셈이지.

나라 이름도 새로 정했어. 그동안 중국에서 주로 부르던 '왜'라는 말 대신 '일본'이라는 이름을 사용하기 시작했단다.

天皇
하늘 천 임금 황

태양의 신 아마테라스의 자손이 되다

일본 열도 사람들은 자연이나 조상을 신으로 모셨고 점차 '신토'라는 종교로 발전시켰다고 했지? 신토에는 엄청나게 많은 신이 있다고 했어.

원래 신토의 신들 사이에는 서열의 높고 낮음이 따로 없었어. 사람들은 자기가 믿는 신이 더 우월하다고 주장하거나 다른 사람이 믿는 신을 우습게 여기지 않았어. 모든 신이 평등하다는 생각이 밑바탕에 깔려 있었기 때문이야. 그러나 이런 생각은 덴무 덴노 때에 바뀌게 돼.

야마토 왕조 가문이 먼 옛날부터 가장 중요하게 여긴 신은 태양의 신 아마테라스야. 그런데 덴무 덴노는 아마테라스를 자기

가문 안에서만이 아니라 일본 전체에서 가장 서열이 높은 신으로 만들기로 결심했어. 다른 호족 가문들과 일반 백성들이 아마테라스를 최고의 신으로 모시게 되면, 야마토 왕조의 권위도 더욱 높일 수 있다고 생각한 거지.

덴무 덴노는 신하들에게 《고사기》와 《일본서기》를 편찬하라고 명령했어. 두 책은 말하자면 우리나라의 《삼국사기》, 《삼국유사》와 같은 역사책인데, 모두 일본 고대사를 담고 있어. 《고사기》에는 신화 이야기가 많고, 《일본서기》에는 역사 이야기가 많아. 두 책 모두 덴무 덴노가 죽은 후에 완성되었지만, 그의 생각을 고스란히 담고 있지.

아마테라스 신
동굴로 숨어 버린 아마테라스 여신을 불러내려고 신들이 춤을 추고 노래를 부르는 장면이야. 그림 가운데에 있는 바위 뒤에서 사방에 빛살을 뿜으며 다소곳이 서 있는 여자가 바로 아마테라스란다.

덴무 덴노는 두 책에 건국 신화를 기록할 때 태양의 신 아마테라스를 주인공으로 삼도록 했어. 당시 일본에는 다양한 신화들이 유행하고 있었는데, 덴무 덴노는 아마테라스와 그의 자손들이 일본을 건국하고 일본의 역사를 이끌어 온 것처럼 기록했지.

하늘과 땅이 생긴 후 여덟 신이 생겨났다. 이 중에 이자나기라는 신이 있었는데, 여신이자 태양의 신 아마테라스와 남신이자 땅의 신 스사노오 남매를 낳고는 하늘은 아마테라스에게, 땅은 스사노오에게 맡겼다. 시간이 흘러 아마테라스는 손자 니니기에게 곡옥, 거울, 검 등 3종 신기를 주어 땅에 내려가 다스리게 했다. 니니기는 휴가 고을의 다카치호 봉우리에 내렸다. 이후 니니기의 증손자인 진무 덴노는 야마토 왕조를 열었다. 진무 덴노의 자손들이 대를 이어 덴노가 되어 야마토 왕조를 이끌었고 지금에 이르렀다.

曲玉
굽을 곡 옥 옥

神器
귀신 신 그릇 기

위의 이야기는 《고사기》와 《일본서기》에 나오는 일본 건국 신화를 간단히 정리해 본 거야. 이 이야기대로면, 야마토 왕조를 건국한 사람은 진무 덴노이고 진무 덴노의 증조할아버지는 니니기, 니니기의 할머니는 아마테라스야. 결국 야마토 왕조의 덴노 가문은 아마테라스, 곧 태양의 신의 자손이 되는 셈이야. 그리고 일본은 태양의 신 아마테라스의 보호를 받는 나라가 된 거지. 일장기의 붉은 원과 일본이라는 나라 이름이 왜 태양을 상징하게 되었는지 이해가 되니?

오랜 옛날부터 태양은 세계 여러 지역에서 숭배의 대상이었어. 세상 만물이 태어나고 자라게 만드는 존재니까 말이야.

그러나 일본의 태양 숭배는 다른 어느 나라보다도 유별난 것 같아. 국기나 나라 이름에 현재까지도 그 흔적이 남아 있으니까 말이야. 그건 태양의 신을 숭배한 야마토 왕조 가문이 일본을 탄생시켰다는 신화가 《고사기》와 《일본서기》에 의해 일반 백성들 사이에도 널리 퍼져 오늘에 이르고 있기 때문일 거야.

단군 신화와 닮은 일본 신화

일본 신화를 읽어 보면, 어디서 많이 본 듯한 느낌이 들곤 해. 그건 우리나라의 단군 신화와 닮았기 때문이야.

태양의 신 아마테라스가 손자 니니기를 지상에 내려보낸 건, 환인이 환웅을 지상으로 내려보낸 것과 비슷해. 아마테라스가 니니기에게 곡옥, 거울, 검 등 3종의 신기를 준 건, 환인이 환웅에게 3가지 천부인을 준 것과 마찬가지고. 니니기가 다카치호 봉우리에 도착한 건 환인이 태백산에 도착한 것과 비슷하고, 각각 그 자손인 진무 덴노와 단군왕검이 새로운 나라를 다스린 것도 마찬가지야.

이렇게 한국과 일본의 건국 신화가 비슷해 보이는 건 무엇 때문일까? 그건 두 나라의 건국 과정이 비슷했기 때문이야. 둘 다 강력한 외부 세력이 선진 문물(3가지 천부인과 3종의 신기)을 가지고 한반도와 일본 열도에 들어왔고, 그 자손들이 새로운 나라를 건설했다는 공통점을 갖고 있는 거야.

'일본'이라는 나라 이름은 어떻게 생겨났을까?

《고사기》와 《일본서기》에는 크게 다른 점이 하나 있어. 712년에 완성된 《고사기》는 자기 나라를 '왜국'이라고 썼는데, 8년 후인 720년에 완성된 《일본서기》는 제목도 그렇고 본문에서도 '일본'이라고 썼다는 점이야.

그렇다면 나라 이름을 '일본'이라고 정한 이유는 무엇일까? 그걸 알기 위해선 《일본서기》를 썼을 때보다 100년 전으로 거슬러 올라가야 해.

당시 중국 대륙은 수나라가 등장해 통일을 이룩했을 무렵이야. 일본은 수나라의 중국 통일을 축하하기 위해 사신을 보냈어. 그때 일본 사신이 수나라 황제에게 전한 편지 내용이 지금까지 남아 있어. "해가 뜨는 곳의 천자가 해가 지는 곳의 천자에게 편지를 보낸다."라며 자기네 나라를 '일본'이라고 한 내용이야. 수나라 황제는 이 글을 보고 무척 괘씸하게 생각했어. 감히 우리 중국을 해가 지는 나라로 표현하다니! 황제는 '일본'이라는 이름을 인정하지 않았단다.

얼마 후 수나라가 망하고 당나라가 등장했어. 당나라 황제는 '일본'이라는 이름을 인정해 주었다고 해. 일본이 '해가 뜨는 곳', 동쪽에 있는 건 엄연한 사실이니까 말이야. 일본은 당나라의 인정을 받고 나서부터 안심하고 '일본'을 공식적인 나라 이름으로 사용하기 시작했어. 그 무렵에 나온 책이 바로 《일본서기》란다.

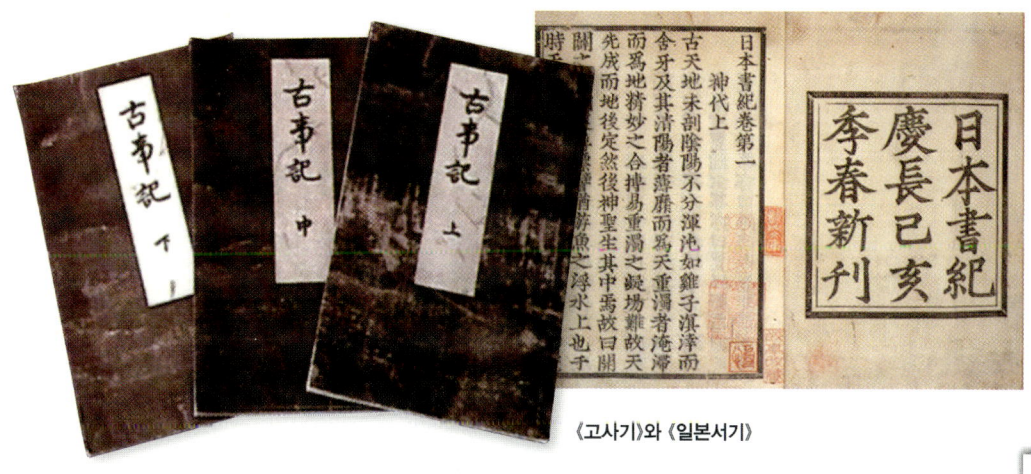

《고사기》와 《일본서기》

| 도다이지 절의 대불

• 나라 시대

개방적인 일본, 국제적인 일본 문화 04

- **조몬 시대 기원전 1만 년경**
  세계 최초의 토기 탄생
- **야요이 시대 기원전 300년경**
  한반도에서 벼농사와 철기 전파
- **아스카 시대 600년대 후반**
  덴노 칭호를 사용하기 시작
- **나라 시대 752년**
  도다이지 대불 완성

- **헤이안 시대 1000년대 초반**
  《겐지 모노가타리》 완성
- **가마쿠라 시대 1185년**
  최초의 막부 설립
- **전국 시대 1575년**
  오다 노부나가, 나가시노 전투에서 승리
- **에도 시대 1635년**
  참근교대 제도 시행
- **에도 시대 1700년대**
  스모, 스포츠로 정착
- **메이지 시대 1868년**
  메이지 유신 시작
- **근대 1929년**
  돈가스 탄생
- **현대 1992년**
  마이너스 성장 기록

일본에 가면 거리 곳곳에서 한자를 많이 볼 수 있어. 표지판이나 건물 간판, 지하철역에서도 한자가 쉽게 눈에 띄지. 도쿄에는 유시마 성당이 있는데, 우리나라 성균관에 있는 대명전 같은 곳이야. 공자를 비롯한 여러 유가 사상가들에게 제사를 지내는 사당이지. 또 교토나 나라奈良에 가면 불교 사찰이 무척 많아.

한자와 유가 사상은 중국에서 시작된 문화이고, 불교는 인도에서 시작되어 중국에서 발전한 종교야. 이 세 가지는 육지로 연결된 한국은 물론이고 바다 멀리 일본에도 전해져서 오늘날까지 흔적을 남기고 있어. 일본이 중국, 한국과 문화를 공유해왔고 지금까지도 하나의 문화권을 이루며 살고 있다는 증거라고 할 수 있지.

그런데 궁금해지는 것 하나! 일본은 바다에 둘러싸여 있어. 바다 건너 다른 나라와 교류하는 일이 쉽지 않았을 거야. 그런데도 대륙과 교류를 하려 했던 이유는 무엇일까? 그냥 자기 식대로 문화를 일구며 살아도 되지 않았을까?

배움의 필요성을 깨닫다

충청남도 공주에 가면 무령왕릉이 있어. 백제 무령왕과 왕비가 묻힌 무덤이지. 발굴 당시 무령왕릉 안에는 수많은 유물이 잠들어 있었어. 지금은 국립공주박물관에 옮겨져 전시되고 있는데, 이 중에는 중국과 일본에서 온 것들도 많아.

무령왕과 왕비의 관
무령왕릉에서 발견된 목관을 복원한 거야.

특히 눈여겨 볼 것이 왕과 왕비의 관이야. 이 관의 재료는 '금송'이라는 나무인데, 조사 결과 일본에서 보낸 것으로 밝혀졌어. 당시 백제와 일본이 얼마나 가까운 사이였는지 짐작할 수 있지.

그런데 일본이 백제에게 금송을 보내고 나서 100여 년이 흐른 뒤인 660년, 백제가 큰 위기를 맞았어. 나당연합군의 공격을 받고 멸망하고 말았지. 3년 뒤인 663년 일본은 백제의 부흥을 돕기 위해 400척이 넘는 함선과 3만 명이 넘는 군사를 파견했어. 그러나 나당연합군에 패하고 만단다.

'우리가 맞섰다가 패한 당나라가 내일이라도 당장 바다를 건너 쳐들어온다면?'

일본은 전국에 방어 시설을 만들었어. 요충지마다 산성을 쌓고 성벽을 수리했지. 그러나 다행히도 당나라는 쳐들어오지 않았어. 시간이 흐르고 흘러 전쟁의 위험은 사라졌어. 그러나 일본은 긴장을 늦추지 않았단다. 언젠가 다가올지 모를 위기에 대비하여 부국강병을 이룩해야 한다고 생각했지. 그러기 위해 가장 좋은 방법은 무엇이었을까? 바로, 나보다 앞선 나라로부터 발달된 문물을 배우는 것이었어.

일본은 당나라와의 외교 관계를 회복하고, 당나라의 선진 문물을 수입하기 위해 사절단을 파견했어. 이 사절단을 '견당사'라고 해.

遣唐使
보낼 견 당나라 당 사신 사

당나라와 신라로 향한 일본인들

2004년 중국 서안에서 돌로 만든 네모 판이 하나 발견되었어. 이 판에는 글자가 빼곡히 새겨져 있었는데, 조사해 보니 죽은 사람의 이름과 행적을 기록한 '묘지'였어. 이 묘지에는 734년에 죽은 '세이신세이'라는 일본인의 이름이 새겨져 있었어. 734년이라면 중국 당나라 때이고, 묘지가 발견된 서안은 당나라의 수도 장안이야. 세이신세이라는 일본인은 어떻게 당나라에 갔고 왜 그곳에서 죽은 걸까?

墓誌
무덤 묘 기록할 지

연구 결과, 세이신세이는 일본에서 온 유학생으로 밝혀졌어. 신라 출신 유학생 최치원처럼, 세이신세이도 당나라 유학생이었던 거지. 그런데 세이신세이는 혼자서 당나라에 온 것이 아니야. 견당사 일행과 함께 배를 타고 왔단다.

견당사 일행은 600명 정도로 이루어졌어. 배 네 척에 나눠 타고 가는 것이 보통이었지. 견당사는 짧게는 1~2년에 한 번 파견되었지만 경우에 따라서는 다음 파견 때까지 20년이나 걸린 적도 있었어. 당나

세이신세이 묘지
중국에서 발견된 일본인의 묘지 중에 가장 오래된 것이라는구나. 오른쪽에서 두 번째 줄을 잘 보면 '일본'이라고 새겨진 한자가 보여.

라 조정에서는 견당사가 자주 오는 것을 달가워하지 않기도 했단다. 대국의 체면상, 견당사가 가져오는 선물보다 훨씬 많은 선물을 주어야 했거든. 게다가 일본의 입장에서도 자주 항해를 하는 것이 만만치가 않았어.

유학생과 유학승은 견당사의 사절단이 귀국한 후에도 당나라에 계속 남아서 공부했어. 그리고 다음 견당사가 올 때까지 기다렸다가 함께 귀국길에 올랐지. 유학생은 주로 당나라 법률, 역서와 천문 관측기구, 음악, 무기에 관한 책을 가져와 일본에 선진

기술을 도입하는 데 앞장섰어. 유학승은 불경과 불상을 가져와 일본 불교 발전에 이바지했지.

그런데 일본은 당나라에만 사절단을 파견한 건 아니야. 통일 신라에도 '견신라사'라는 사절단을 보냈어. 일본의 견신라사 파견은 견당사 파견보다 더 활발했어. 견당사는 모두 합쳐 20차례 정

견당사는 어떤 길로 왕래했을까?

일본이 견당사를 파견하여 당나라의 선진 문물을 수입했다고는 하지만, 그게 그렇게 쉬운 일은 아니었어. 견당사는 일본의 수도 나라와 당나라의 수도 장안 사이를 왕복해야 했어. 해로와 육로를 모두 이용해야 하는데, 일행들이 특히 두려워한 건 해로였어. 일기 예보도 없고, 오로지 바람과 해류에만 의지해야 하는 상황에서 견당사 일행은 바다를 어떻게 건넜을까?

수도 나라에서 출발한 견당사 일행은 우선 나니와 항(지금의 오사카)에 도착했어. 이곳에서 배를 타고 세토 내해라는 좁은 바다를 따라 서쪽으로 항해하여 하카타 항에 도달했지. 여기에서 견당사 일행은 우선 어떤 해로를 선택할지 결정해야 해. 안전한 길을 원한다면 한반도의 해안을 이용해야 해. 한반도의 서해안을 끼고 계속 북쪽으로 항해하다가 중국 쪽으로 방향을 틀어 산동 반도의 등주에 도착하는 길이었지.

그러나 하필 일본과 통일 신라의 관계가 나쁜 시기라면 어떻게 했을까? 다른 방법이 없어. 먼 바다로 곧장 나아가서 중국 동남해 연안의 장강 하구에 도착하는 길을 택할 수밖에. 망망대해를 항해하는 것이 얼마나 무서웠을까? 그러나 요행히 난파되지 않고 무사히 도착할 수만 있다면 항해 기간을 줄일 수 있었지.

사실 두 가지 해로 모두 정도의 차이는 있지만 힘겨운 길이었을 거야. 그런데도 견당사와 유학생, 유학승들이 목숨을 걸고 왕래한 걸 보면, 당나라의 선진 문물을 수입하고자 하는 일본의 열망이 얼마나 컸는지 짐작할 수 있을 것 같아.

도 파견했지만, 견신라사는 37차례나 파견했지. 그리고 당나라 사신은 일본에 8차례 왔지만, 통일 신라 사신은 83차례나 일본을 다녀갔단다. 일본으로서는 당나라보다 가깝고 안전하게 왕래할 수 있는 통일 신라가 더 실속 있는 선진 문물의 창구였던 셈이지.

당나라에서 힌트를 얻어 대불을 만들다

일본의 옛 수도 나라에 가면 도다이지라는 큰 절이 있어. 도다이지에는 높이 47미터의 대불전이 있는데, 세계 최대의 목조 건물이야. 대불전 안으로 들어가면 청동 불상 하나가 연화대좌에 앉아 있는데 어느 절에서나 볼 수 있는 그런 크기가 아니야. 높이

도다이지 대불전
거대한 대불이 이 건물 안에 들어 있어. 몇 번의 화재를 겪고 다시 세우는 과정에서 대불전은 처음 지었을 때보다 작아졌다고 해.

가 무려 15미터 가까이 되고, 얼굴 길이는 5미터, 손바닥 길이만 3미터가 넘을 정도야. 제작할 때 구리와 주석이 400톤 정도 들어갔고, 금 60킬로그램과 수은 300킬로그램이 도금하는 데 사용되었다고 해.

이렇게 큰 규모의 절과 불상을 만든 사람은 누구이고, 왜 만들었을까?

우리 잠시 아스카 시대의 덴무 덴노 때로 되돌아가 보자. 덴무 덴노가 왕의 칭호와 국호를 바꾸고 정권을 안정시키는 데 성공했다는 이야기 기억나지?

덴무 덴노가 죽은 후 수도가 바뀌었어. 당나라의 제도를 받아들여 정치 체제를 개혁해야 하는데, 나라가 더 적당한 지역이라고 판단되었기 때문이야. 이제 아스카 시대가 저물고 나라 시대(710~794년)가 시작되었지. 그 무렵 쇼무 덴노가 즉위했단다.

쇼무 덴노는 당나라 유학생과 유학승 출신의 인재들을 조정에 등용했어. 당나라의 선진 문물과 제도를 도입하기 위해서였지. 그리고 왕권을 강화하기 위해 도다이지와 대불을 건설하기로 했단다. 쇼무 덴노는 왜 이런 생각을 떠올렸을까?

"당나라 조정은 왕권을 강화하기 위해 절을 짓는 등 불교를 후원하고 있었습니다. 또한 황제의 모습을 닮은 거대한 불상을 만들어 백성들이 황제와 부처를 똑같이 여기도록 하고 있었습니다."

쇼무 덴노는 당나라 유학을 다녀온 승려들이 전한 정보를 듣

도다이지 대불
높이 15미터로 5층짜리 건물의 높이와 비슷한 규모야. 일본의 3대 대불 중 가장 커.

고 결심을 굳혔고, 745년에 도다이지를, 752년에는 공사를 시작한 지 10년 만에 대불을 완성했단다.

당나라 유학승이 보고 들은 정보에서 힌트를 얻어 대불을 만들었으니까, 도다이지 대불에는 당나라의 영향이 많이 남아 있어.

그러나 도다이지 대불에 당나라의 영향만 남아 있는 건 아니야.

한반도의 숨결이 스며든 대불

앞에서 도다이지 대불의 규모에 대해 말했지? 그 정도로 큰 불상을 만들려면 엄청난 비용과 노동력이 필요했을 거야. 쇼무 덴노는 많은 세금을 걷어야 했고 많은 백성들을 대불 건설에 동원해야 했어.

당시 대불 건설의 책임자는 고려복신이라는 조궁장관(지금의 건설부 장관)이었어. 고려복신은 비용과 노동력 문제를 해결하기 위해 교키라는 승려를 떠올렸어.

교키는 당시 백성들 사이에서 명망이 높았어. 늘 백성들과 함께 하는 승려였지. 가난한 백성들을 위해 집을 지어 주기도 하고 저수지를 만들고 다리를 놓기도 했어. 가는 곳마다 사람들이 몰려 교키를 따르는 사람이 1000명이 넘을 정도였다는구나. 고려복신은 이렇게 명성이 높은 교키라면 대불 건설에 필요한 비용과 노동력 문제를 해결할 수 있을 거라고 생각했어.

결국 교키는 고려복신의 뜻을 받아들여 대불 건설을 돕게 돼. 백성들의 자발적 참여를 이끌어냈는데, 재목을 시주한 사람이 5만여 명, 보수를 받지 않고 공사에 참여한 사람이 160만여 명, 돈을 시주한 사람이 37만여 명, 기술자로 참여한 사람이 50만여 명이나 되었다는구나.

그런데 고려복신과 교키는 모두 한반도 출신이야. 대불 조영의 총책임자 고려복신은 고구려 출신이고, 대불 건축에 큰 공을 세운 교키는 일본에 《논어》와 《천자문》을 전해 주고

대불 건설에 참여한 사람들
쇼무 덴노와 함께 앉아 있는 승려들은 모두 대불 건립에 관여한 사람들로 오른쪽 아래의 인물이 바로 교키야. 덴노 왼편에는 인도 승려가, 오른편에는 도다이지 초대 담당자인 승려 로벤이 앉아 있어.

일본 태자의 스승이 된 백제 왕인의 후손이라고 해. 또 대불 조영에는 엄청나게 많은 구리가 필요했는데, 이를 공급한 지역은 신라 출신 이주민들의 거주지였어.

한반도의 영향은 도다이지 대불의 모습에서도 찾아볼 수 있어. 도다이지 대불은 비로자나불이야. 비로자나불은 지혜의 빛을 세계에 비추어 중생을 구제하는 부처로, 화엄종 불교와 관계가 깊어. 그런데 화엄종을 일본에 전한 건 신라 승려 심상이야. 의상대사의 제자였던 심상은 일본으로 건너가 3년 동안 화엄종을 전파했어. 쇼무 덴노는 심상이 전파한 화엄종에 감화를 받았고, 그래서 대불을 비로자나불로 만들라고 명령했던 거야. 대불의 모습 속에도 한 신라 승려의 노력이 숨어 있는 셈이지.

도다이지 대불은 세계적으로 뛰어난 일본의 문화유산이야. 하지만 일본 자신만의 노력으로 이룩한 것은 아니야. 당나라와 한반도의 선진 기술, 일본의 의지와 노동력이 함께 어우러져 이룩한 성과지. 도다이지 대불은 일본이 한국, 중국과 하나의 문화권을 이루기 위해 노력했음을 보여 주는 좋은 증거란다.

실크로드를 타고 온 보물, 오현비파

기타처럼 생긴 이것은 '비파'야. 몸체는 긴 타원형이고 자루는 짧아. 줄이 네 개짜리가 있고 다섯 개짜리가 있는데, 이건 다섯 개라서 '오현비파'라고 해. 그런데 이 비파를 구석구석 살펴보면 특이한 점을 발견할 수 있어.

재료로 쓴 목재는 자단나무인데, 자단나무의 원산지는 인도야. 표면이 조개껍질로 장식되어 있는데, 이 조개는 동남아시아의 바다에서 나는 거라고 해. 몸체 한가운데에 쌍봉낙타가 보이지? 낙타 등에 앉아서 비파를 타고 있는 악사는 페르시아 사람 같아. 낙타 위에 새겨진 대추야자는 원산지가 메소포타미아 지방이야. 정말이지, 비파 하나에 아시아 여러 나라의 것들이 짬뽕되어 있구나.

오현비파(오른쪽)와 장식 부분(왼쪽)
덴노의 보물 창고, 쇼소인에 보관된 비파야.

국적을 알 수 없는 이 비파는 어디에서 만들어진 걸까?

확실하진 않지만 중국 당나라의 수도 장안에서 만들었을 가능성이 가장 커. 당시 장안은 실크로드 교역의 중심지였어. 세계 여러 나라 사람과 물자가 실크로드를 타고 장안으로 몰려들었지. 어쩌면 비파를 만드는 데 필요한 장인과 재료들이 장안에서 만나 멋진 오현비파를 탄생시켰을지도 모르지.

그럼, 오현비파는 어떻게 해서 일본으로 건너오게 된 걸까?

견당사로 파견되었던 사람들이 가져왔을 가능성이 가장 커. 사신들이 당나라 황제에게 선물로 받았을 수도 있고, 유학생이나 유학승이 덴노에게 선물로 바쳤을 수도 있지.

이 오현비파는 현재 쇼소인이라는 곳에 소장되어 있어. 쇼소인은 도다이지 안에 있는 건물인데, 쇼무 덴노가 죽은 후 그의 황후가 헌납한 귀중한 물건들을 모아 놓기 시작하면서 보물 창고가 되었지.

쇼소인에 소장되어 있는 보물들은 대부분 견당사를 통해 일본에 전해진 것들이야. 오현비파 말고도 중국을 비롯한 여러 아시아 지역에서 온 진귀한 물건들이 많이 보관되어 있단다.

| 간판이 가득한 도쿄의 쇼핑가

• 헤이안 시대 •

문자를 만들다

05

- **조몬 시대 기원전 1만 년경**
  세계 최초의 토기 탄생
- **야요이 시대 기원전 300년경**
  한반도에서 벼농사와 철기 전파
- **아스카 시대 600년대 후반**
  덴노 칭호를 사용하기 시작
- **나라 시대 752년**
  도다이지 대불 완성
- **헤이안 시대 1000년대 초반**
  《겐지 모노가타리》 완성

- **가마쿠라 시대 1185년**
  최초의 막부 설립
- **전국 시대 1575년**
  오다 노부나가,
  나가시노 전투에서 승리
- **에도 시대 1635년**
  참근교대 제도 시행
- **에도 시대 1700년대**
  스모, 스포츠로 정착
- **메이지 시대 1868년**
  메이지 유신 시작
- **근대 1929년**
  돈가스 탄생
- **현대 1992년**
  마이너스 성장 기록

"私はマクドナルドに行く。"

일본어로 쓴 문장이야. 우리말로 해석하면, "나(私)는(は) 맥도널드(マクドナルド)에(に) 간다(行く)."라는 뜻이지.

일본어에는 좀 특이한 점이 있어. 한글로 쓴 "나는 맥도널드에 간다."라는 문장에는 같은 종류의 문자(한글)만 사용되지만, 일본어 문장에는 여러 문자가 섞여 있어. 私(사사 사), 行(갈 행)과 같이 우리가 잘 아는 한자도 있고, は, く나 マクドナルド와 같은 일본의 문자도 있지. 일본의 문자를 '가나'라고 하는데, は, く를 '히라가나', マクドナルド를 '가타카나'라고 불러.

가나 문자는 한자를 본떠 만든 일본 고유의 문자야. 한자의 일부를 떼어낸 후 흘려 쓴 것이 히라가나이고, 바르게 쓴 것이

가타카나지. 일본어에서는 왜 히라가나, 가타카나, 한자, 이렇게 세 가지가 함께 사용되는 걸까? 중국이나 우리나라처럼 한 종류만 사용하면 훨씬 편할 것 같은데 말이야.

일본인들은 도다이지 대불에서 본 것처럼 선진 문화를 배우는 데 주저하지 않았어. 그러나 중국과 한국 것을 그대로 따라 하기만 한 건 아니야. 일본의 사정에 맞게 새롭게 창조한 경우도 많았어. 가나 문자도 그런 일본인들의 특징을 잘 보여 주는 한 가지 예라고 할 수 있지.

일본 고유의 문화를 발전시킨 후지와라 가문

나라 시대 때 활약한 쇼무 덴노의 이야기로 되돌아가 보자. 쇼무 덴노는 도다이지와 대불을 건설하는 등 불교를 이용해서 왕권을 강화하려고 했어. 그러나 큰 공사를 벌이느라 나라 살림이 바닥이 난 데다가, 불교 세력의 힘이 너무 커져버려 거꾸로 왕권이 위협을 받게 되었지.

쇼무 덴노가 죽자, 다음에 즉위한 덴노는 다시 한 번 수도를 옮기기로 했어. 불교 세력이 센 나라에서 벗어나 보려고 말이야. 새로 옮긴 수도는 지금의 교토에 위치해 있었어. 교토에 건설된 도성의 이름이 '헤이안쿄'였기 때문에, 이때부터를 '헤이안 시대' (794~1185년)라고 부른단다.

후지와라 가문의 화려한 연회
후지와라 가문은 잔치를 벌일 때도 화려했어. 그러니 미치나가가 "이 세상은 바로 나의 것, 달도 차면 기운다네."라고 시를 읊을 만도 했겠지? 달은 기울어도 자신은 결코 기울지 않을 거라는 말이야.

헤이안 시대는 한마디로 말해서 귀족이 지배한 시대였어. 그중에서도 가장 오랫동안 권력을 독차지한 귀족은 '후지와라' 가문이야.

후지와라 가문은 덴노 가문과 혼인을 맺어 외척이 되었어. 덴노에게 딸을 시집보내고, 또 그 딸이 낳은 황태자에게 다른 딸을 시집보내는 방법으로 권력을 유지했지. 덴노가 어렸을 때는 '섭정', 어른이 된 후에는 '관백'이 되어 정치를 좌지우지했지. 후지와라 가문은 어느새 덴노보다 더 강한 권력자가 되었어. 최고의 전성기를 누렸던 인물은 '후지와라노 미치나가'야.

후지와라노 미치나가는 30년 동안 덴노의 외척으로서 섭정과 관백을 맡았어. 어떤 덴노의 경우 황태후, 황후, 황태자비 세 사람이 모두 미치나가의 딸인 적도 있었다고 해.

攝政
다스릴 섭 정사 정

關白
빗장 관 흰 백

후지와라 가문은 정치 권력을 장악하는 한편 문화 정책도 바꾸어 나갔어. 중국 대륙과 한반도 문화의 수입을 줄이고, 일본만의 고유한 문화를 창조하기 위해 노력했지.

우선 견당사 파견을 중단했어. 당시는 당나라가 쇠퇴할 무렵이라 더 이상 배울 것이 없다는 것이 표면적인 이유였지만 진짜 이유는 따로 있었어. 바로 덴노의 권력을 약화시키기 위해서였지. 견당사 출신들이 더는 덴노를 돕지 못하도록 말이야.

이렇게 해서 당나라 문화는 점차 쇠퇴하고, 일본인들이 직접 창조해 낸 일본 고유의 문화들이 등장하기 시작했어. 이걸 가리켜 '국풍 문화'라고 해. 국풍 문화의 대표적인 예가 바로 앞에서 설명한 가나 문자야. 그럼, 지금부터 가나 문자가 탄생하는 과정을 살펴보자.

國風
나라 국 바람 풍

가나 문자의 탄생

일본인들이 한자를 처음 사용한 건 언제부터일까? 보통은 왕인이 《논어》와 《천자문》을 전해 준 5세기 무렵이라고 해. 물론 확실한 건 알 수 없어. 왕인이 오기 전에 이미 한자를 사용하고 있었을지도 모르니까. 아무튼 한자는 일본인들 사이에도 널리 퍼졌어. 《고사기》와 《일본서기》도 한자로 쓴 책이야.

한자는 덴노 가문이나 귀족, 관리 등 지배층들이 주로 사용했어. 그런데 한자는 일일이 익히려면 너무나 시간이 많이 걸려. 게다가 한문은 일본말과 어순이 맞지 않아서 생각을 표현하기에 불편한 점이 많지. 일부 선각자들이 그런 문제를 개선할 수 없을까 고민했고, 새로운 글자를 만들기 시작했어. 그렇게 해서 탄생한 것이 바로 가나 문자야.

 가나 문자는 한글과 다른 점이 있어. 가나 문자는 한자를 본

떠 만든 문자야.

한글에서는 '구'라는 발음을 나타내기 위해 ㄱ이라는 자음과 ㅜ라는 모음을 합치지? 여기에서 사용된 ㄱ과 ㅜ는 모두 세종대왕과 집현전 학자들이 창조해 낸 글자야. 그럼, 일본의 가나 문자는 어떻게 만들어진 걸까?

일본에서는 '구'라는 발음을 나타내기 위해 한자의 '久(오랠 구)'라는 글자를 가져왔어. 처음에는 이 한자를 그대로 썼는데, 자꾸 사용하다 보니 글자 모양이 간단해졌어. 흘려 쓰면 く, 바르게 쓰면 ク, 이렇게 되었지. 흘려 쓴 く가 히라가나, 바르게 쓴 ク가 가타카나야. 이런 방법으로 히라가나와 가타카나가 각각 50개씩 만들어져 지금의 가나 문자가 된 거야.

현재 일본인들은 히라가나와 가타카나를 모두 사용하고 있

일본의 맥도널드
가타카나로 맥도널드를 표기한 간판이 보여. 우리식으로 읽으면 '마쿠도나르도'. 좀 웃기지? 우리말 발음 '맥도널드'보다 영어 원음과 차이가 많구나. 그렇다고 너무 우쭐해하진 말자. 우리의 '맥도널드'라는 표기 역시 영어 원음과 똑같다고 할 수는 없으니까.

어. 특히 가타카나는 고유명사나 맥도널드(マクドナルド)와 같은 외래어를 표기할 때 주로 사용하지. 그런데 중요한 건 여전히 한자도 함께 사용하고 있다는 거야. 쉬운 가나 문자가 있는데 굳이 어려운 한자를 쓰는 이유는 무엇일까?

한자를 가나 문자로 바꾸면 글자 수가 많아져. 첫머리에 나온 문장의 '私'를 예로 들어보자. 이걸 우리 한글로 바꾸면 '사'가 돼. 한 글자면 충분하지. 그런데 이걸 같은 뜻의 가나로 바꾸려면 'わたし', 즉 세 글자가 필요해. 같은 뜻이라면 'わたし'보다 '私'를 사용하는 게 더 편리하지 않을까?

또 소리는 같고 뜻은 다른 글자일 경우 가나 문자를 사용하면 의미가 헷갈릴 수가 있어. 하지만 한자를 사용하면 그럴 염려가 적지.

새로운 문자로 창조된 문학 작품

가나 문자도 처음에는 한글처럼 그리 좋은 대우를 받지 못했어. 한글은 한동안 '언문'이라고 불렸지? 언문은 한글을 한자보다 낮춰 부를 때 사용하는 말이야. 그런데 '가나'라는 말에도 비슷한 뜻이 숨어 있어. 가나는 한자로 '假名'인데, '빌린 글자', '가짜 글자'라는 뜻이야.

그러나 가나 문자는 한자에 비하면 훨씬 쉬운 글자였어. 읽기

假名
거짓 가 이름 명

2000엔 지폐의 뒷면
우리나라에는 2000원이나 2만 원짜리 지폐가 없는데, 일본에는 2000엔짜리 지폐가 있구나. 뒷면을 보면, 왼쪽에 두 남성이 앉아 있고, 오른쪽 아래에 한 여성의 모습이 보여.

도 쉽고 쓰기도 편했지. 책은 이제 더 이상 남성 지배층과 학자들만의 것이 아니었어. 글을 읽고 쓸 줄 아는 사람이 많아졌는데, 그 중에는 여성 작가도 있었단다.

일본의 2000엔짜리 지폐를 보면 《겐지 모노가타리》라는 소설의 한 장면을 담은 그림이 있어. 맨 오른쪽에 작게 그려진 사람이 '무라사키 시키부'로, 가나 문자가 만들어진 지 얼마 되지 않아 가나 문자로 소설을 쓴 일본의 대표적 여성 작가야.

무라사키 시키부는 원래 궁궐에서 황후의 궁녀로 일했어. 문학적 재능이 뛰어나 궁중에서 왕족과 귀족들 사이에 일어나는 일들을 재미나게 꾸며 소설을 썼어. 그게 바로 《겐지 모노가타리》인데, 우리말로 옮기면 '겐지 이야기'라는 뜻이야. 이 소설에는 왕족인 겐지라는 인물과 그의 아들이 주인공으로 등장해. 두 남성이 여성들과 사랑을 나눈 이야기가 많이 나오지.

당시 일본인들은 한문으로 쓴 당나라풍의 작품을 주로 읽고 있었어. 그런데 《겐지 모노가타리》가 등장하자 큰 인기를 끌었어. 가나 문자로 쓴 《겐지 모노가타리》에 일본인들만이 느낄 수 있는 정서가 가득 담겨 있었기 때문이지.

가나 문자는 이후에도 시가, 일기, 수필 등 다양한 장르의 문학을 탄생시켰어. 가나 문자로 쓴 문학 작품은 일본인들의 사랑을 받았고, 그렇게 해서 가나 문자는 점차 일본의 대표 언어로 완전히 자리를 잡았지. 그리고 천년이 넘은 오늘날까지도 일본인들과 희로애락을 함께하고 있단다.

일본 고유의 정서를 담은 그림

국풍 문화의 발전은 회화 분야에도 이어졌어. 예전에는 당나라에서 그린 그림을 따라 그리는 경우가 많았는데, 헤이안 시대가 되자 일본을 소재로 한 그림이 많이 등장했어. 특히 일본의 문학 작품 속 내용을 소재로 한 그림이 많이 그려졌지.

우리가 지금 보고 있는 이 그림도 마찬가지야. 《겐지 모노가타리》의 내용 일부를 그림으로 표현한 거야. 마치 지붕을 뜯어내고 위에서 아래를 내려다보면서 그린 것 같지? 이것 역시 당시 일본 그림에 나타났던 독특한 회화 기법이었다는구나.

《겐지 모노가타리》의 한 장면
두 남자가 바둑을 두고, 이 모습을 여자가 몰래 지켜보고 있어. 정면에 보이는 남자는 왕이자 여자의 아버지이고, 맞은편 남자는 왕이 자기 딸과 결혼시키고 싶어 하는 청년이야.

신토와 하나가 된 일본 불교

 잠시 고구려, 백제, 신라를 떠올려 보자. 세 나라 모두 왕권을 강화하기 위해 불교를 받아들였지? 왕을 부처와 같은 존재라고 선전하고 절과 불상을 만들어 왕의 권위를 높였지. 일본도 우리나라와 비슷한 과정을 거쳤어.

 불교가 일본에 들어온 건 6세기 무렵이야. 552년 백제의 성왕이 불교를 전했지. 일본의 덴노 역시 왕권을 강화하기 위해 불교를 이용했어. 아스카 시대부터 나라, 헤이안 시대를 거치면서 수많은 절과 불상을 만들었지. 물론 도다이지와 대불도 그중 하나였고.

 그런데 일본은 우리나라의 삼국 시대와 다른 점이 하나 있었어. 일본에는 신토라는 토착 종교가 있었지. 불교가 전해지자 일본인들은 신토와 불교를 어떻게 하면 조화롭게 할 수 있을지 고민했단다.

 결국 두 종교는 서로의 장점을 받아들이며 공존하기로 했어. 불교는 일본인들이 오랜 시간 믿어 온 신토를 인정했고, 신토는 불교의 체계적인 형식을 배웠지. 두 종교는 별 충돌없이 조화를 이루었단다. 예를 들면, 쇼무 덴노가 도다이지 대불 공사

지슈 신사
인연을 맺어 주는 신을 모신 신사로 유명해. 새로운 인연을 기원하거나 연애운을 점치는 사람들이 많이 찾지.

를 앞두고 신토 최고의 신 아마테라스에게 제사를 지내 공사가 잘 되기를 기원했다는 이야기가 있어.

이렇게 해서 불교는 신토와 한 몸처럼 되어 갔어. 지금도 절에 가면 신토의 신이 모셔져 있는 모습을 쉽게 찾아볼 수 있어. 반대로 신사에 부처가 모셔져 있기도 하지. 게다가 절과 신사가 나란히 붙어 있는 경우도 많단다.

기요미즈데라 본당
교토에 있는 유명한 절 기요미즈데라야. 지슈 신사와 함께 붙어 있어.

| 일본의 무사, 사무라이

• 가마쿠라 시대 •

사무라이의 시대

06

- **조몬 시대 기원전 1만 년경**
  세계 최초의 토기 탄생
- **야요이 시대 기원전 300년경**
  한반도에서 벼농사와 철기 전파
- **아스카 시대 600년대 후반**
  덴노 칭호를 사용하기 시작
- **나라 시대 752년**
  도다이지 대불 완성
- **헤이안 시대 1000년대 초반**
  《겐지 모노가타리》 완성
- **가마쿠라 시대 1185년**
  최초의 막부 설립

- **전국 시대 1575년**
  오다 노부나가,
  나가시노 전투에서 승리
- **에도 시대 1635년**
  참근교대 제도 시행
- **에도 시대 1700년대**
  스모, 스포츠로 정착
- **메이지 시대 1868년**
  메이지 유신 시작
- **근대 1929년**
  돈가스 탄생
- **현대 1992년**
  마이너스 성장 기록

한 사람이 오른손에 무언가를 들고 당당히 선 채 앞을 바라보고 있어. 오른쪽에는 영어로 '사무라이 재팬'이라는 구절과 함께 원이 하나 그려져 있구나. 사무라이 재팬은 '일본의 사무라이'라는 뜻이야. 그러고 보니 원은 일장기, 사람은 일본 무사인 사무라이를 묘사한 것 같아. 그런데 사무라이가 들고 있는 건 칼이 아니라 야구 방망이야.

이 그림은 2009년 제2회 월드베이스볼클래식에 나가는 일본 야구 대표팀의 엠블렘이야. 선수들을 '일본 사무라이'로 표현한 거지. 마치 우리나라 대표팀 선수들을 '태극전사'라고 부르는 것과 비슷하구나. 그렇다면, 일본에서는 왜 자국의 대표 선수를 '사무라이'라고 표현한 걸까?

우리나라는 고려 시대에는 귀족, 조선 시대에는 양반이 지배 계급이었어. 고려 후기에 100여 년 동안 무인들이 정치를 좌우한 적이 있지만, 대부분은 문인들이 나라를 다스렸지. 그러나 일본은 달랐어. 고려에서 무신 정권이 등장할 무렵 일본에서도 무사들이 정권을 차지했는데, 일본의 무사 정권은 이때부터 무려 700년 가까이 계속되었어. 이 무사 정권 시대를 지배한 계층을 사무라이라고 해.

사무라이는 700년 가까이 일본의 역사를 지배했지만, 지금은 존재하지 않아. 그런데도 일본의 국가 대표를 '사무라이'라고 표현하는 걸 보면, 일본인들 마음속에 사무라이에 대한 향수가 강한 것 같아. 사무라이는 어떻게 해서 탄생한 걸까? 사무라이는 어떤 모습이었을까? 왜 지금까지도 일본인들 마음속에 남아 있는 걸까?

사무라이의 탄생

그림을 하나 볼까? 오른쪽에 말을 탄 사무라이가 보여. 왼손에는 활을 쥐고, 오른손으로는 말에게 채찍을 가하는 모습이야. 왼쪽 허리춤에는 긴 검을 차고 있구나. 그런데 고개를 숙이고 뒷발을 들어 올린 말의 모습이 당장이라도 고꾸라질 듯 위태로워 보여. 자세히 보니 사무라이와 말의 몸이 화살에 맞아 온통 상처투성이야. 그런데도 사무라이는 물러서지 않고, 맞서고 있어. 이 사무라이의 이름은 '다케자키 스에나가'야.

〈몽고습래회사〉의 한 장면
적이 눈앞에서 공격하는 가운데 사무라이의 말은 피를 흘리고, 금방이라도 쓰러질 듯이 위태로워.

다케자키 스에나가는 누구와 싸우고 있는 걸까? 한국사를 잠깐 떠올려 보자. 고려가 몽골의 침략에 맞서 30년 동안 항쟁한 이야기는 잘 알고 있지? 몽골은 고려를 굴복시킨 후에 여몽연합군을 만들어 일본을 침입했어. 그림 중앙에 털모자를 쓰고 공격하는 병사들이 고려군이고 그 뒤쪽이 몽골군이야. 이 그림은 당시 일본군의 장수였던 다케자키 스에나가가 여몽연합군과 싸우고 있는 장면을 그린 거야.

그렇다면 다케자키 스에나가와 같은 사무라이는 처음에 어떻게 등장한 걸까? 앞 장에서 했던 역사 이야기를 계속 이어나가 보자.

나라 시대를 이은 헤이안 시대는 귀족의 시대였어. 특히 후지와라 가문은 덴노의 섭정과 관백으로서 정치를 좌지우지했지.

사무라이의 시대 | 73

侍
모실 시

후지와라 가문은 권력이 커지고 재산이 많아질수록 자신을 지켜 줄 존재가 필요했어. 지금의 경호원 같은 사람들 말이야. 당시 이들을 '侍'라고 했는데, 일본말로 '사무라이'라고 읽었어. 이때부터 일본에서는 무인들을 주로 사무라이라고 부르게 된단다.

사무라이들은 수도 교토에 있는 후지와라 귀족을 경호할 뿐 아니라 그들이 지방에 가지고 있는 토지를 보호하고 세금을 거두는 역할을 했어. 다른 귀족들이나 지방 관리들도 사무라이가 쓸모 있는 존재라는 걸 깨닫고 사무라이를 고용하기 시작했고, 이렇게 해서 사무라이의 수는 계속 늘어만 갔어.

사무라이 정권의 등장

사무라이들은 어느새 자신들의 힘이 커졌다는 걸 스스로 깨달았고, 가까운 무리들끼리 뭉쳐 큰 집단을 이루었어. 이런 집단을 '무사단'이라고 해. 무사단은 점점 힘을 키워 나가더니 어느새 덴노 가문이나 귀족에 맞설 정도로 힘이 더 세졌어.

무사단을 이끈 사무라이 중에 미나모토노 요리토모라는 사람이 있었어. 미나모토노 요리토모는 자신의 무사단을 이끌고 일

미나모토노 요리토모라고 알려진 초상화
일본 최초로 무사 정권을 세우고 쇼군에 오른 사무라이야. '쇼군'은 '세이이타이 쇼군'의 줄임말로 한자로 보면 '장군'이야.

본 열도 최고의 사무라이 자리에 오른단다. 이제 미나모토노 요리토모가 덴노가 되어 최고 권력을 차지했을까? 아니야. 미나모토노 요리토모는 덴노의 자리를 뺏는 대신 덴노 다음으로 가장 높은 쇼군의 자리에 만족했어.

당시 덴노는 이미 실제 권력을 잃긴 했지만 상징적으로는 여전히 가장 높은 존재였기 때문이야.

미나모토노 요리토모는 덴노의 상징적 권위를 인정해 주는 대신, 실제 정치는 자신이 직접 하는 방식을 선택했어. 그래서 덴노는 교토에 두고 자신은 '가마쿠라'라는 도시에 막부를 설치했지. 미나모토노 요리토모가 실제 권력을 차지했으니 수도를 옮긴 것이나 마찬가지였어.

쇼군이 된 미나모토노 요리토모는 최측근 사무라이들에게 전국 각지의 토지를 나누어 주었어. 그들은 자신의 가신들을 이끌며 지방을 다스렸지. 이 시대를 '가마쿠라 시대'(1185~1333년)라고 불러.

이때부터 일본은 무사 정권의 시대가 시작되었어. 우리나라는 고려 시대 때 무신 정권이 탄생했지만 100년 만에 사라졌어. 그러나 일본의 무사 정권은 가마쿠라 막부가 멸망한 후에도 '무로마치 시대'(1336~1573년)와 '에도 시대'(1603~1867년)까지 무려 700년 가까이 계속 이어졌단다. 이러한 무사 정권을 지탱한 것이 바로 사무라이였어.

幕府
막 막 곳집 부

장군의 군막을 가리키는 말로 쇼군의 근거지.

사무라이의 실상을 전해 주는 그림

사무라이 세계의 가장 큰 특징은 '주군'과 '종자'의 관계로 이루어져 있었다는 거야. 주군은 종자에게 토지를 주고, 그 대가로 종자는 주군에게 충성을 바쳤지.

사무라이는 전쟁터에 나가면 주군을 위해 목숨을 걸고 싸웠지. 그러나 무조건 충성하기만 했던 건 아니야.

"주군이 해 준 만큼만 봉사한다!"

사무라이는 전쟁터에 나가 공을 세웠는데도 주군이 대가를 지급하지 않으면 항의하기도 했고, 만약 받아들여지지 않으면 다른 주군을 찾아 떠나기도 했어.

사무라이들은 전쟁터에서 공을 세우는 것 못지않게 자신의 공을 인정받는 것 역시 중요하게 생각했어. 그래야만 주군으로부터 정당한 대가를 받을 수 있으니까 말이야.

이쯤에서 앞에서 본 그림을 다시 한 번 볼까? 사실 이 그림에는 숨은 이야기가 하나 있단다.

그림의 주인공 다케자키 스에나가는 여몽연합군의 침입에 맞서 용감하게 싸웠어. 일본군이 위기에 몰리자, 적의 화살을 맞아 가면서까지 적진을 향해 뛰어들 정도였지.

전쟁은 결국 일본의 승리로 끝났어. 다케자키 스에나가는 다행히도 살아서 돌아올 수 있었지만 그를 기다린 건 절망뿐이었

어. 자신의 공이 가마쿠라 막부의 쇼군에게 제대로 보고되지 않아 정당한 대가를 지급받을 수 없게 되었던 거야.

다케자키 스에나가는 아픈 몸을 이끌고 2개월의 여행 끝에 가마쿠라에 도착했고, 그곳 책임자를 직접 만나 설득했어. 결국 막부는 그의 공을 인정하고 포상을 해 주었단다.

그러나 그 정도로는 만족하지 못했던 걸까? 아니면 자신의 무용담을 후대에 길이 전하고 싶었던 걸까? 다케자키 스에나가는 자신이 전투하는 모습을 그림으로 그려달라고 요청했고, 그래서 이 그림이 탄생하게 된 거야.

다케자키 스에나가는 자신이 이룩한 업적에 대한 대가를 얻었지만, 다른 사무라이들은 대부분 그러지 못했어. 보통 전쟁에서 이기면 새로 차지한 땅을 나누어 주는데, 몽골과의 전쟁은 일본에서 벌어진 전쟁이니까 새로 차지한 땅이 있을 리가 없었지. 사무라이들은 대가를 받지 못하자 더 이상 쇼군에게 충성하지 않았고, 결국 가마쿠라 막부는 멸망하고 만단다.

주군을 위해 목숨을 바치다

가마쿠라 막부는 멸망했지만, 사무라이의 시대는 끝나지 않았어. 그 뒤 아시카가 가문이 이끄는 무로마치 막부 시대가 탄생했는데, 이때는 다이묘 사이에 전쟁이 더 많았기 때문에 사무라이의 인기는 더욱 높아졌어. 그러나 무로마치 시대가 끝나고 에도 막부가 등장하자, 사무라이의 성격에 변화가 생겼어.

에도 시대는 평화로운 시대였어. 그러자 사무라이들은 더 이상 할 일이 없어졌어. 공을 세워 출세할 기회도 사라졌지. 사무라이들은 칼 대신 붓을 들었어. 먹고 사는 데 필요한 공부, 이를테면 읽기와 쓰기, 산수 등을 익혀야 했지.

사무라이들 가운데 학식이 뛰어난 자들은 임진왜란 이후 조선에서 건너온 주자학을 공부하기도 했어. 주자학은 임금에 대

大名
큰 대 이름 명

막부가 만들어질 무렵부터 나타난 무사 계급의 영주로 자신의 지역을 다스렸다.

朱子學
붉을 주 아들 자 배울 학

송나라의 학자 주자(주희)가 집대성한 유학의 한 파를 가리킨다.

한 충성을 강조하는데, 사무라이들은 이런 점을 받아들여 주군에 대한 충성을 사무라이의 최고 덕목으로 여기기 시작했어. 예전에는 어떤 대가가 있을 경우에만 충성을 했는데, 이제는 대가가 있고 없고를 따지지 않고 주군이라면 무조건 충성해야 한다고 생각하게 되었지. 이걸 일본인들은 '사무라이 정신'이라고 부르기 시작했어.

사무라이 정신은 막부 시대가 끝난 후에도 사라지지 않았어. 근대 국가가 탄생하고 덴노가 권력을 장악하자 사무라이 정신은 새로운 모습으로 다시 탄생했지.

사람들로 북적이는 에도(지금의 도쿄)의 모습

사무라이 계층을 위한 학교
에도 시대부터는 신분 사회가 자리를 잡았어. 상위 계층인 사무라이의 자녀들은 각 지역에서 세운 학교에서 교육을 받을 수 있었지.

"국민들이여, 사무라이들이 주군에게 충성했던 것처럼 국가와 덴노에게 충성하라!"

충성의 대상이 주군에서 국가와 덴노로 바뀌었을 뿐이야.

사무라이 정신은 지금까지도 일본인들의 마음속에 깊이 뿌리 내리고 있어. 일본 야구 대표팀의 엠블렘에 새겨져 있는 그림과 'SAMURAI JAPAN'이란 구절도 그런 모습을 보여 주는 좋은 예라고 할 수 있지.

일본의 검은 자객, 닌자

검은 옷을 입고 온몸에 각종 암살무기를 지닌 채 바람처럼 날렵하게 담장과 성벽을 넘나드는 괴한. 주군을 위해서라면 파괴, 암살, 정보 수집, 적의 후방 교란 등 어떤 첩보 활동도 마다하지 않는 스파이. 이 두 가지 이미지를 동시에 지닌 자가 있다면, 아마도 일본의 자객 '닌자'일 거야.

닌자가 탄생한 건 막부 시대가 시작되고 나서부터야. 이때는 지역 간에 전쟁과 경쟁으로 날이 지고 새는 시대였어. 그래서 늘 서로를 감시하고 정보를 빼내고 암살도 해야 했어. 적이 외부에만 있는 건 아니야. 내부에 적이 없는지, 즉 종자가 배반하지 않는지도 늘 감시해야 했어.

이런 임무는 아무나 수행할 수 있는 것이 아니었어. 강인한 체력과 인내심, 전투력, 정보 종합력과 전달력 등을 두루 갖춘 자여야 했지. 그런 필요에 부응해서 등장한 존재가 바로 닌자였던 거야.

닌자의 세계에도 기본적인 규율이 있었어. 첫째, 검은 반드시 공적인 업무에만 사용한다. 둘째, 도망치는 것에 자존심 상해서는 안 된다. 셋째, 목숨을 버리는 한이 있어도 비밀은 반드시 지킨다. 넷째, 신분을 절대 노출하지 않는다, 등등.

닌자는 가마쿠라 시대와 무로마치 시대, 특히 전국 시대에 가장 활발하게 활동하다가 에도 시대의 평화가 찾아오자 점차 자취를 감춘단다. 사무라이와 함께 등장해서 사무라이와 함께 역사의 저편으로 사라지고 말았지.

사무라이의 시대

주군을 위해 목숨을 바친 47명의 사무라이

1701년 아코 번의 영주 아사노 나가노리는 에도성에서 막부의 고위 관리 기라 요시나카와 말다툼을 하다가 그만 상처를 입히고 말았어. 에도성 안에서 무기를 사용해서는 안 된다는 막부의 규정을 어긴 죄로 아사노 나가노리는 할복자살을 명받았지.

아사노 나가노리가 죽자, 아코 번은 강제로 해체되고 부하들은 소속이 없는 떠돌이 사무라이 신세가 되었단다. 그의 부하 가운데 47명은 주군을 위해 복수를 하기로 결심했어. 하지만 당장에는 그럴 능력이 없었어. 당분간은 따로 떨어져 지내면서 각자 힘을 기르기로 했지.

드디어 약속한 그날이 되었어. 사무라이들은 다시 한자리에 모였어. 47명의 사무라이는 기라 요시나카의 목을 베어 주군의 무덤에 바침으로써 주군의 원수를 갚고는 모두 자결을 했단다.

주군을 위해 복수를 하고 집단적으로 자결을 하는 모습이 살벌하게 느껴지는구나. 하지만 당시 일본인들은 47명의 사무라이들의 죽음에 감동을 받았어. 주군을 위해

목숨을 바치는 사무라이의 충성심! 이 이야기는 소설로 다시 탄생하기도 하고 연극으로 상연되기도 하면서 사람들 사이에 큰 인기를 끌었어.

47명의 사무라이 이야기는 일본이 근대 국가가 되고 덴노가 권력을 잡은 후에도 계속 유행했어. 주군을 위해 충성을 다한 사무라이들의 이야기는 일본 국민들에게 국가와 덴노에게 충성을 다해야 한다는 의식을 심어 주기에 아주 좋은 교육 자료였던 거야.

47명의 사무라이
오랜 기다림 끝에 복수를 하러 기라 요시나카의 집 앞에 모인 아코 번의 사무라이들을 그린 그림이야. 이들의 이야기는 그림, 가부키, 소설, 영화 등 다양한 형태로 퍼지면서 고전으로 자리잡았어.

| 도요토미 히데요시와 도쿠가와 이에야스가 맞붙은 전투

• 전국 시대 •

일본사를 바꾼 세 영웅

07

조몬 시대 기원전 1만 년경
세계 최초의 토기 탄생

야요이 시대 기원전 300년경
한반도에서 벼농사와 철기 전파

아스카 시대 600년대 후반
덴노 칭호를 사용하기 시작

나라 시대 752년
도다이지 대불 완성

헤이안 시대 1000년대 초반
《겐지 모노가타리》 완성

가마쿠라 시대 1185년
최초의 막부 설립

전국 시대 1575년
오다 노부나가,
나가시노 전투에서 승리

에도 시대 1635년
참근교대 제도 시행

에도 시대 1700년대
스모, 스포츠로 정착

메이지 시대 1868년
메이지 유신 시작

근대 1929년
돈가스 탄생

현대 1992년
마이너스 성장 기록

1991년 이후 일본은 경제 사정이 많이 나빠졌어. 한때는 세계 2위의 경제 대국이었지만, 지금은 그 자리를 중국에 넘겨준 상태지. 게다가 2011년 동일본 대지진과 원자력 발전소 사고 때문에 일본은 더 큰 위기를 겪고 있어.

나라가 위기에 빠지자, 과거의 역사 인물을 떠올리는 일본인들이 많아졌어. 시련을 극복하고 새로운 시대를 연 영웅들의 이야기를 읽으며 지금의 위기를 극복할 용기를 얻고 싶은 거지.

특히 다음의 세 사람은 일본인들 사이에 자주 입에 오르내리는 영웅들이야. 오다 노부나가, 도요토미 히데요시, 도쿠가와 이에야스. 세 사람의 이야기는 역사 소설을 비롯한 다양한 문화 장르로 만들어져 일본인들의 사랑을 받고 있어.

세 사람은 무로마치 막부가 멸망하고 에도 막부가 성립될 무렵에 활약한 인물들이야. 일본 열도가 분열해 있을 때, 하나로 통일하기 위해 혼신의 노력을 다한 영웅들이지. 세 사람은 어떻게 영웅이 되었을까? 그리고 지금까지도 일본인들의 입에 오르내리며 사랑을 받고 있는 이유는 무엇일까?

새로운 문물을 과감히 도입했던 오다 노부나가

아래 그림은 '나가시노'라는 곳에서 벌어진 전투 장면을 그린 거야. 왼편은 나무 방책을 세워둔 걸 보니 지키는 쪽이고, 오른편은 공격하는 쪽인 것 같아. 그런데 자세히 보면, 공격하는 쪽이

〈나가시노 합전병풍도〉
나가시노 전투 장면을 담은 그림이야.

기마병을 앞세워 빠른 속도로 진격하고 있고 수비하는 쪽에서는 총을 쏘고 있어. 승자는 어느 쪽이었을까?

여기서 잠깐, 이 무렵의 일본 역사에 대해 간단히 짚어 보자.

가마쿠라 막부가 몽골의 침략으로 쇠퇴하다가 멸망하고 새로운 사무라이 세력이 등장해서 무로마치 막부를 세웠다는 이야기는 앞에서 했어. 그런데 무로마치 시대가 되자 지방 다이묘들의 힘이 점점 세졌어. 어느새 다이묘들은 막부의 쇼군은 거들떠보지도 않고 자기들끼리 싸우기 시작했지. 이 시대를 전국 시대라고 해. 앞에서 말한 오다 노부나가도 전국 시대의 다이묘들 중 한 사람이야.

오다 노부나가는 수많은 전투에서 승리를 거두며 가장 강력한 다이묘로 우뚝 섰고, 결국 무로마치 막부도 멸망시켜 버렸단다.

오다 노부나가에게는 다른 다이묘들이 갖지 못한 장점이 하나 있었어. 새로운 것에 대한 호기심이 충만했단다. 당시는 포르투갈과 에스파냐(스페인) 상인들이 아시아로 몰려들어 서양의 새로운 문물을 전하던 시절이야. 그중에서도 오다 노부나가의 마음을 가장 크게 사로잡은 것은 바로 총이었어. 총은 활보다 빠르고 정확하게 적을 공격할 수 있는 최첨단 무기였으니까 말이야.

그러나 총이 아무리 좋은 무기여도 전투

戰國時代
싸울 전 나라 국
때 시 대신할 대

천하포무 인장
오다 노부나가가 만들어 썼다는 인장을 아즈치성 고고박물관에서 복원한 거야. 천하에 '무武'를 널리 떨치고 시대를 통일하겠다는 포부가 담겨 있어.

에 바로 사용할 수 있었던 것은 아니야. 두 가지 문제를 해결해야 했어. 우선, 총을 대량 생산해야 한다는 것. 오다 노부나가는 서양의 총 제작 기술자를 초빙하고 공장을 만들어 수천 자루의 총을 만들어 내는 데 성공했어.

또 한 가지 문제는 총을 한 번 쏘려면 총구를 청소하고, 심지에 불을 붙이고, 탄약을 장전하고, 발사하기까지 무려 20초라는 시간이 걸린다는 것. 이렇게 시간이 많이 걸릴 바에야 차라리 활을 사용하는 게 낫지.

사격 자세를 취한 병사들
총을 들고 쏘는 자세를 한 하급 무사들의 모습이야. 전국 시대 이후 총은 주요한 무기가 되었어.

오다 노부나가는 기발한 아이디어를 떠올렸어. 우선 소총수를 3열로 쭉 늘어놓아. 첫 번째 열이 총을 발사할 동안 두 번째, 세 번째 열은 총을 쏠 준비를 해. 첫 번째 열이 총을 쏘고 뒤로 빠지면, 두 번째 열과 세 번째 열이 차례대로 총을 쏘는 거야. 이렇게 3인 1조로 대오를 만드니까, 시간 낭비 없이 적에게 사격을 가할 수 있었지.

앞에서 본 나가시노 전투 그림의 왼편은 바로 오다 노부나가의 진영이었어. 기마 부대로 진격한 오른편은 다케다 신겐의 아들, 가쓰요리의 진영이었지. 다케다 신겐은 오다 노부나가의 최대 라이벌이었는데,

그의 기마 부대는 당시 천하무적이라 불릴 정도로 막강했어.

그러나 오다 노부나가는 3000명의 사격 부대와 3인 1조의 획기적인 전술로 맞섰고, 다케다 가문의 부대는 1만 2000명의 전사자를 내고 물러날 수밖에 없었어. 오다 노부나가는 새로운 문물을 과감하게 전투에 응용하여 일본의 패권을 차지할 수 있었던 거야.

그러나 오다 노부나가의 역할은 여기까지였어. 부하에게 공격을 받아 죽고 말았거든. 전국 통일이라는 과제는 도요토미 히데요시에게 넘긴 채 말이야.

霸權
으뜸 패 권세 권

절반의 영웅, 도요토미 히데요시

1592년 4월 일본은 조선을 침략했어. 이 전쟁을 임진왜란이라고 하지? 도요토미 히데요시는 우리에게는 조선을 침략한 나쁜 일본인이야. 그러나 일본인들에게 도요토미 히데요시는 영웅으로 존경받고 있어.

도요토미 히데요시는 가난한 농민 가정에서 태어났어. 오다 노부나가보다 두 살 아래야. 사무라이가 되는 것이 꿈이었던 도요토미 히데요시는 열일곱 살 때 오다 노부나가의 밑으로 들어갔어. 처음에는 말을 기르거나 짚신을 관리하는 등 아주 하찮은 일을 했어. 그러나 점점 자신의 능력을 발휘해 오다 노부나가에

도요토미 히데요시
가난한 농민 출신이었지만 뛰어난 지략으로 높은 자리에 오를 수 있었어. 그래서였을까? 나중에는 자신처럼 갑작스럽게 신분이 상승하는 사람이 나오지 않도록 철저하게 단속했다고 해.

게 인정을 받았고, 결국 사무라이의 꿈을 이루었단다.

한 가지 에피소드를 들려줄까? 어느 날 비가 많이 내려 성의 돌담이 무너졌어. 오다 노부나가가 어떤 관리에게 수리를 맡겼는데, 20일이 지나도 끝나지가 않는 거야. 이때 도요토미 히데요시가 직접 나서서 수리 작업을 지휘하기로 했어.

도요토미 히데요시는 우선 인부들을 모두 모아 술과 음식을 베풀었어. 인부들의 기분이 좋아지자, 10개 조로 나누어 일할 곳을 정해 주고 가장 먼저 수리 작업을 끝낸 조에게 큰 상을 내리겠다고 약속했지. 그러자 서로 1등을 차지하기 위해 열심히 일했고, 이틀 만에 모든 수리 작업을 마칠 수 있었단다.

도요토미 히데요시는 전투에 나가서도 지혜로운 전술로 많은 승리를 거두었고, 지위가 높은 사무라이가 되었어. 오다 노부나가가 부하의 공격으로 죽었을 때에도 기회를 놓치지 않고 오다 노부나가의 반대 세력들을 모두 물리치고 권력을 차지했어. 그리고 다른 다이묘들을 공격해 하나둘씩 멸망시켰고, 결국에는 일본 전체를 통일하게 된단다.

도요토미 히데요시는 나라 전체를 안정시키기 위해 가장 먼저 토지 제도를 바꾸었어. 다이묘들이 대대로 가지고 있던 토지를 농민들에게 나누어 주기 시작했어. 토지를 잃은 다이묘들은 지방 관리가 되어 봉급을 받아 살고, 농민들은 토지를 경작하며 세금을 냈지. 그러자 다이묘의 세력도 약해지고 나라 살림도 풍족해졌어.

도요토미 히데요시의 전국 통일로 일본 전체가 평화와 안정을 되찾는 듯했어. 그러나 도요토미 히데요시는 여기에서 멈추지 않았어.

조선은 물론이고 명나라와 아시아 전체를 자기 영토로 만들겠다는 꿈을 꾸었던 거지. 그렇게 해서 일어난 것이 임진왜란이야. 조선 전체가 황폐해진 건 말할 것도 없고, 일본 백성들도 큰 고통을 겪어야 했어. 임진왜란은 도요토미 히데요시가 죽고서야 끝나게 된단다.

조선을 침략한 왜군
임진왜란이 벌어졌을 때 처음으로 공격받은 부산진성의 모습을 남긴 그림이야. 왜군이 성을 둘러싼 모습이 보여.

기다림과 인내로 천하를 손에 넣은
도쿠가와 이에야스

일본 역사에는 막부 시대가 세 번 있었어. 가마쿠라 막부, 무로마치 막부, 그리고 에도 막부. 에도 막부를 연 사람이 바로 도쿠가와 이에야스야. 오다 노부나가가 결단력으로, 도요토미 히데요시가 뛰어난 지혜로 일본 역사의 영웅이 되었다면, 도쿠가와 이에야스는 인내와 기다림으로 영웅이 된 사람이지.

   도쿠가와 이에야스는 어느 다이묘 집안의 아들로 태어났어. 가문의 세력이 약했기 때문에 어린 시절부터 다른 다이묘의 인질로 10년을 넘게 살아야 했지. 마침내 그 다이묘가 멸망하는 바람에 가까스로 인질 생활에서 벗어날 수 있었지만 여전히 세력이 약했기 때문에 다른 다이묘와 동맹을 맺어야 했단다.

   도쿠가와 이에야스는 오다 노부나가와 동맹을 맺었어. 앞에서 살펴본 나가시노 전투에도 참전했지. 두 사람의 관계는 겉으로는 평등해 보이지만 사실은 주군과 가신의 관계나 마찬가지였어. 오다 노부나가가 죽자, 이번에는 도요토미 히데요시와 동맹을 맺었어. 도요토미 히데요시는 임금과 신하의 관계를 요구했고, 도쿠가와 이에야스는 더욱 고개를 숙이며 복종했지. 도쿠가와 이에야스는 두 사람을 주군처럼 모셨지만, 마음속으로는 칼을 갈고 있었어. 그 칼을 휘두를 날만 기다리면서 말이야.

세키가하라 전투
도쿠가와 이에야스가 일본에서 1인자가 되는 데 결정적인 계기가 되었던 세키가하라 전투 장면을 묘사한 그림이야.

도요토미 히데요시가 죽자, 일본 전체가 다시 혼란에 빠졌어. 오랜 시간 동안 참고 또 기다려 왔던 도쿠가와 이에야스는 드디어 군사를 일으켰어. 그리고 자신에게 반대하는 다이묘들을 누르고 1인자가 되었단다.

도쿠가와 이에야스는 지금의 도쿄인 에도에 막부를 열고, 자신은 쇼군이 되었지. 이때부터를 '에도 시대'라고 불러.

도쿠가와 이에야스는 100년이 넘게 전쟁으로 고통 받은 백성들을 위해 여러 경제 정책을 실시했어. 임진왜란으로 악화된 조선과의 외교 관계를 회복시키기 위해서도 노력했지.

에도 막부는 도쿠가와 이에야스가 죽은 후에도 무너지지 않았어. 자손들은 대를 이어 쇼군의 자리를 계승하면서 260년이 넘게 일본을 다스렸지. 후계자들은 아마도 도쿠가와 이에야스가 생전에 했던 이 말을 늘 가슴에 되새겼을지도 몰라.

"인생은 무거운 짐을 지고 먼 길을 가는 것과 같다. 그러니 서두르지 말지어다."

도쿠가와 이에야스의 '인내와 기다림'이 잘 느껴지지 않니?

세 영웅에게 물었다. "새가 울지 않으면?"

오다 노부나가, 도요토미 히데요시, 도쿠가와 이에야스, 이 세 사람은 모두 영웅이었지만 성격은 너무나도 달랐어. 그걸 단번에 느낄 수 있는 이야기가 하나 있어.

"나뭇가지 위에 새가 한 마리 앉아 있다. 그런데 그 새는 당연히 울어야 하는 짐승인데 울지를 않는다. 그렇다면 세 영웅은 어떻게 행동할까?"

오다 노부나가는 울지 않는 새는 새가 될 자격이 없으므로 그 자리에서 칼로 베어 버린다. 도요토미 히데요시는 새가 울 때까지 온갖 노력과 방법을 다 동원하여 결국에는 울게 만든다. 도쿠가와 이에야스는 새가 언젠가는 울 것이므로 울 때까지 느긋하게 기다린다.

어때? 결단력의 오다 노부나가, 지혜의 도요토미 히데요시, 끈기와 인내심의 도쿠가와 이에야스, 이 세 사람의 성격이 잘 느껴지니?

서양에 대한 이중적인 태도

그림 속의 장소는 일본 규슈의 나가사키라는 항구 도시야. 커다란 배 한 척이 닻을 내리려 하고 작은 배가 해안으로 다가갈 준비를 하고 있어. 벌써 배에서 내린 사람들은 포르투갈인이야. 주로 선교사와 상인들이지.

일본인이 서양인을 만난 최초의 기록은 1543년의 것이야. 이때 포르투갈 상인이 일본의 어느 다이묘에게 총을 전해 주었지. 이후 일본인과 서양인의 만남이 잦아졌어.

1549년에는 프란시스코 자비에르라는 에스파냐의 선교사가 일본 땅을 밟았어. 이후 100년 가까이 많은 선교사들이 일본을 방문했어.

선교사들은 일본인들과 친해지기 위해

일본인들이 호기심을 가질 만한 서양의 물건들을 많이 소개했어. 총, 안경, 시계, 담배, 빵 같은 것이 처음 일본에 소개되어 일본인들의 생활을 변화시켰단다. 그뿐 아니야. 선교사들이 가져온 세계 지도나 지구의를 보고 세계를 새롭게 인식하기 시작한 일본인들이 많아졌는데, 오다 노부나가, 도요토미 히데요시, 도쿠가와 이에야스 역시 마찬가지였어.

선교사들이 일본에 온 근본적인 목적은 기독교 전파야. 서양의 진귀한 물건들과 함께 기독교는 일본인들의 생활 속으로 파고들었어. 그래서 규슈 지방에는 기독교로 개종하는 사람이 많아졌지.

그러나 기독교는 유일신을 믿는 종교야. 일본의 전통 종교인 신토와 성격이 전혀 다르지. 오다 노부나가, 도요토미 히데요시, 도쿠가와 이에야스는 처음에는 기독교 포교를 허가했지만 점차 기독교가 일본의 사회 질서를 어지럽힐 수 있다고 생각했어. 또 서양이 기독교를 앞세워 일본을 정복할지 모른다고 걱정했지. 결국 일본에서 기독교는 금지되고 말아.

그 후에도 일본인들은 서양의 것에 대해 두 가지 태도를 보였어. 서양의 문물이나 학문과 사상은 적극적으로 받아들였지만 종교는 배척했어. 그래서 오늘날 일본의 기독교 신자는 1퍼센트에 불과하단다.

나가사키 항구에 도착한 포르투갈의 배
〈남만병풍〉의 한 장면이야. '남만'이라는 말은 '남쪽의 오랑캐'라는 의미로 에스파냐(스페인)와 포르투갈을 가리키는 말이었어.

| 에도의 중심에 자리잡은 에도성

· 에도 시대 ·

도쿄를 중심으로 하나 된 일본 08

- **조몬 시대 기원전 1만 년경**
  세계 최초의 토기 탄생
- **야요이 시대 기원전 300년경**
  한반도에서 벼농사와 철기 전파
- **아스카 시대 600년대 후반**
  덴노 칭호를 사용하기 시작
- **나라 시대 752년**
  도다이지 대불 완성
- **헤이안 시대 1000년대 초반**
  《겐지 모노가타리》 완성
- **가마쿠라 시대 1185년**
  최초의 막부 설립
- **전국 시대 1575년**
  오다 노부나가, 나가시노 전투에서 승리
- **에도 시대 1635년**
  참근교대 제도 시행

- **에도 시대 1700년대**
  스모, 스포츠로 정착
- **메이지 시대 1868년**
  메이지 유신 시작
- **근대 1929년**
  돈가스 탄생
- **현대 1992년**
  마이너스 성장 기록

일본의 수도 도쿄는 정치, 경제, 문화 등 모든 면에서 교류의 중심이야. 교통망도 도쿄를 중심으로 전국으로 뻗어 있어. 철도, 고속도로, 항로 등 다양한 길을 통해 수많은 사람과 물자가 도쿄와 지방을 오가고 있지.

도쿄가 일본의 중심지가 된 건 지금으로부터 400년 전, 도쿠가와 이에야스가 에도 막부를 열었을 때부터야. 당시만 해도 도쿄는 에도라고 불렸어.

그 전까지만 해도 일본 열도의 여러 지역들은 고립되어 있었어. 자기가 사는 지역을 벗어나는 사람이 많지 않았고, 다른 지역과 물자 교류도 뜸했지. 그런데 에도 시대가 되면서 지역 간에 사람과 물자의 교류가 점차 활발해졌고, 일본 열도는 서서히 통합되기 시작했어.

높고 험준한 산이 많은 일본 열도

일본은 화산 폭발로 생겨난 열도라는 것 말고 특징이 한 가지 더 있어. 산이 많다는 거야. 일본은 전 국토의 80퍼센트 정도가 산지야. 산지가 70퍼센트인 우리나라보다 산의 비율이 더 높구나.

일본에서 가장 높은 산은 후지산인데, 해발 고도가 3744미터야. 일본 전체에 높이 3000미터 넘는 산이 21개이고, 2000미터 넘는 산이 280여 개란다. 백두산(2744미터)은 일본의 산들과 비교하면 81위이고, 한라산(1917미터)은 몇 등인지 헤아리기도 어려울 정도라고 해. 게다가 우리나라처럼 둥그스름하고 경사가 완만한 산보다 뾰족하고 경사가 급한 산이 훨씬 많아.

이처럼 일본은 산이 많고, 높고, 험준하기 때문에 우리나라와 다른 역사를 갖게 되었어. 우리나라는 삼국 시대 이후 왕이 영토 전체를 직접 다스렸지. 반면 일본은 산이 만든 장애물 때문에 교통이 불편하고 사람과 물자의 왕래도 어려웠어. 그래서 왕이 모든 지역을 직접 다스리기 어려웠단다.

막부 시대 때도 마찬가지였지. 막부의 쇼군은 다이묘에게 지방의 토지를 나누어 주고 다스리게 했어. 다이묘는 쇼군에게 충성을 다하고 세금을 잘 바치기만 하면, 쇼군의 간섭 없이 자기

지역을 마음대로 다스릴 수 있었어. 그러다 보니 다이묘들의 힘이 점점 커졌고, 다이묘들 간의 전쟁이 많아졌지. 앞에서 살펴본 세 영웅도 그래서 등장했던 거고.

결국 다이묘들끼리 싸우는 혼란한 시대를 끝내고 최후의 승자가 된 건 도쿠가와 이에야스였어. 도쿠가와 이에야스는 에도 시대를 열고, 예전처럼 다이묘들에게 각 지역을 다스리게 했어. 그런데 도쿠가와 이에야스의 손자이자 3대 쇼군 도쿠가와 이에미쓰는 예전의 쇼군들과 생각이 달랐어.

'모든 걸 믿고 맡겼다가는 전국 시대처럼 어지러워질지 몰라!'

산속의 다리를 건너는 사람들
일본 히에쓰라는 곳에 있는 다리를 담은 그림이란다. 조금만 균형을 잃으면 아래로 떨어질 듯 위험한 길이지만 산을 돌아가는 것보다 훨씬 빨랐을 거야.

도쿠가와 이에미쓰는 기발한 방법을 생각해 낸단다.

참근교대 제도의 등장

武家諸法度
군셀 무 집 가 모든 제
법 법 법도 도

도쿠가와 이에미쓰는 1635년 '무가제법도'를 공포했어. 무가제법도란 '무가', 즉 사무라이들이 지켜야 할 여러 가지 법률과 제도를 말해. 그런데 다음과 같은 내용이 들어 있었어.

"다이묘는 교대로 에도에 머물러야 하며, 매년 여름 4월에 참근해야 한다."

參勤交代
간여할 참 부지런할 근
서로 교 대신할 대

참근교대 행렬
행렬은 다이묘를 중심으로 높은 지위의 사무라이부터 낮은 지위의 사무라이 순으로 정렬해서 이동했단다.

이 제도를 '참근교대'라고 해. 여기에서 '참근'이란 쇼군 가까이 사는 걸 뜻해. 도쿠가와 이에미쓰가 다이묘를 통제하기 위해 개발한 획기적인 제도였지.

당시 전국의 다이묘가 260여 명이었는데, 모두 2년에 한 번씩 1년 동안 에도에 와서 살아야 했어. 자기 영지에 있을 때는 왕처

럼 떵떵거리고 살다가, 에도에 와서 매일같이 쇼군의 감시를 받으며 살아야 한다고 생각해 봐. 다이묘들에겐 정말 끔찍한 일이었지. 게다가 1년을 채우고 영지로 돌아갈 때는 자기 부인을 남겨 두어야 했어. 일종의 인질인 셈이었지.

에도로 가는 여행길도 만만치가 않았어. 에도에 가려면 가족과 부하들, 하인들은 물론이고 에도에 가서 사는 데 필요한 생활필수품을 모두 가져가야 했어. 게다가 이 많은 사람과 물자를 옮기느라 시간과 비용도 많이 들었지.

다이묘들은 처음에는 꼭 필요한 사람과 물자만 챙겨 갔어. 그런데 에도에 가 보니, 다른 다이묘의 행렬이 자기 행렬보다 더 화려하고 폼이 나 보이는 거야. 그런 다이묘가 쇼군에게 더 인정받는 것 같은 느낌도 들고 말이야. 다이묘들은 서로 경쟁심을 느꼈고, 행렬은 사치스러워지기 시작했어. 어떤 다이묘의 행렬에는 수행원이 무려 4000명인 적도 있었다고 해.

경비가 총 1만 5000냥 들 때도 있었는데, 이건 에도의 목수 한 사람이 600년 동안 일해야 벌 수 있는 돈이었다는구나. 경비에는 선물값도 포함되어 있었어. 다이묘들은 지나가는 지역마다 그곳 다이묘들에게 특산물 따위를 선물로 주어야 했고, 에도에 도착해서는 쇼군과 고위 관리들에게 선물을 바쳐야 했지.

어떤 다이묘는 굳이 가져가지 않아도 되는 침구, 목욕통, 변기, 그릇, 바둑판과 장기판은 물론 집에서 기르던 개와 고양이,

새까지도 가지고 길을 떠났다고 해. 참 별나지 않니?

이렇게 다이묘들은 참근교대 행렬에 너무나 많은 시간과 비용을 낭비해야 했어. 재정이 악화되어 고통받는 다이묘가 점점 많아졌지. 그건 결국 경제력과 군사력의 약화로 이어졌단다.

이렇게 해서 에도 막부는 참근교대 제도를 통해 다이묘의 힘을 약화시키고 에도를 중심으로 더욱 강력하게 나라를 다스리는 데 성공할 수 있었단다.

교통망의 확대, 하나 되는 일본

참근교대 제도는 에도 막부의 쇼군이 권력을 강화하기 위해 시행한 거야. 그런데 이 제도 때문에 뜻하지 않은 변화가 발생했어. 교통과 숙박업이 발달하게 되었지.

에도 막부가 들어선 후 전국에는 다섯 개의 주요 도로가 건설되었어. 그런데 참근교대 행렬이 에도를 왕래하기 위해 이 다섯 도로를 이용하게 되자, 자연스럽게 다섯 도로와 연결되는 간선 도로들이 모세혈관처럼 지방 곳곳으로 뻗어나갔어. 그렇게 해서 에도를 중심으로 하는 교통망이 거미줄처럼 생겨났단다.

참근교대 행렬이 에도까지 가려면, 짧게는 며칠에서 길게는 50일이 넘게 걸렸어. 그래서 여행에 지친 사람들에게 먹을 것과 잘 곳을 제공하는 숙박 시설이 생겨났지. 다섯 개의 주요 도로에만 4~12킬로미터 간격으로 모두 248개의 숙박 시설이 있었다고 해.

교통이 확대되고 숙박 시설이 많아지자, 일본 전체에 변화가 나타났어. 일본은 오랫동안 지형적인 이유 때문에 교통이 불편했는데, 이제 사람과 물자의 왕래가 예전보다 많아졌어. 자기가 사는 곳을 평생 벗어나지 않았던 사람들도 이제 바깥세상을 구경하고픈 욕구를 갖게 되었지.

문인과 화가들은 여행을 하며 글을 짓거나 그림을 그렸고, 불교 승려들은 성지 순례를 떠나기도 했어. 상인들은 전보다 훨씬 더 편리하고 안전하게 교역에 종사할 수 있었지. 에도로 향하는 외국인도 늘었는데, 우리나라의 조선통신사도 이때 발전한 교통망과 숙박 시설을 이용했단다.

가장 많은 여행객은 신사 참배객들이었어. 신토를 믿는 일본인들에게 신사는 가장 인기 있는 여행 코스였어. 특히 아마테라스를 모신 이세 신궁을 찾는 여행객이 가장 많았지. 죽기 전에 반드시 꼭 한 번은 해야 한다는 무슬림의 메카 순례 정도는 아니었지만, 이세 신궁 참배객도 많을 때는 한 해에 수백만 명에 이를 정도였다는구나.

교통망과 숙박 시설이 발달하여 사람들의 이동이 크게 늘자, 전국의 상품과 문화도 함께 움직였어. 에도를 비롯한 대도시의

이세 신궁 참배 행렬
이세 신궁을 참배하기 위해 미야가와 강을 건너려고 몰려든 사람들이야.

상품과 문화가 전국의 각 지역으로 흘러들었고, 각 지역의 상품과 문화가 대도시에서 유행했지.

오랫동안 지형적으로 고립되어 있던 일본 열도는 이 무렵부터 에도와 지역, 지역과 지역 사이의 격차를 줄이며 점차 통합되어 지금에 이르고 있어.

에도 시대의 여행 안내서

다른 지방이나 해외를 여행할 때 반드시 챙겨 가야 할 것 중 하나가 여행 안내서 아닐까? 교통의 발달로 여행이 활발해진 일본의 에도 시대 때도 여행 안내서가 있었어. 1810년에 출간된 《여행에 앞서 주의할 것(旅行用心集)》이란 책을 한번 살펴볼까?

우선 여행지에 관한 정보가 들어 있어. 일본의 다섯 개 주요 도로 가운데 하나인 '도카이도'를 중심으로 각 지역이 소개되어 있어. 여행자에게 가장 중요한 정보인 지역 간 이동 거리도

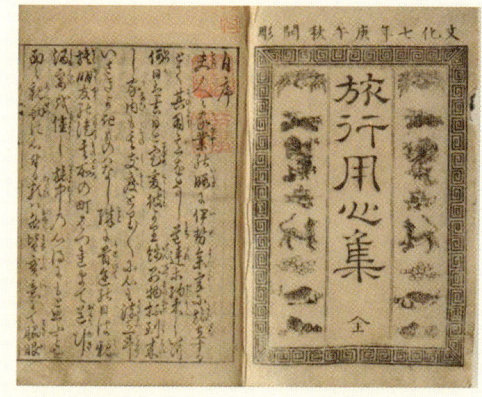

에도 시대의 여행 안내서

적혀 있지. 재미있는 건, 지금의 여행 안내서가 생생한 모습을 전달하기 위해 사진을 첨부하는 것처럼, 이 책은 풍속화를 싣고 있다는 거야.

《여행에 앞서 주의할 것》에서 가장 중요한 내용은 제목 그대로 '여행자가 주의해야 할 사항'이야. "짐은 되도록 적게 가져갈 것, 숙소에 도착하면 (화재 등에 대비해서) 비상구를 미리 확인해 둘 것, (질병에 걸리지 않도록) 물을 조심해서 마실 것 등등." 게다가 전국 곳곳의 온천 위치 안내는 이 책의 별책부록! 어때? 지금 여행을 가더라도 챙겨갈 만하지 않아?

천하의 부엌, 오사카

에도 막부 시대 때 에도가 일본의 정치 중심지 역할을 하는 동안, 경제 중심지 역할을 한 도시가 따로 있었어. 바로 오사카야. 오사카는 에도 시대 최대의 경제 도시였어. '천하의 부엌'이라고 불리기도 했는데, 일본이라는 집 전체를 먹여 살리는 부엌 같은 역할을 했기 때문이야. 그 영향은 지금도 남아 있어. 오사카에는 지금도 창립된 지 100년이 넘는 상점이 500개가 넘는다는구나.

에도 시대의 오사카는 각 지역 다이묘들이 판매한 상품들을 사들였다가 에도로 판매하는 도시로, 사람으로 치면 혈액을 돌게 하는 심장과 같았어.

오사카가 일본 경제의 심장이 된 건 한 사람의 노력 덕분이야.

오사카에 요도야 조안이라는 상인이 있었어. 그때는 도요토미 히데요시가 권력을 장악하고 오사카를 수도로 삼으려 했을 무렵이야. 요도야 조안은 도요토미 히데요시 밑에서 일했지만, 얼마 후 도요토미 히데요시가 죽자 세상은 도요토미 히데요시를 따르는 세력과 도쿠가와 이에야스를 따르는 세력으로 나누어졌어. 결국 두 세력은 전투를 벌이게 되었지.

요도야 조안은 어느 편을 들어야 할지 고민했어. 옛 주군의 세력을 계속 따를지, 아니면 도쿠가와 이에야스를 따를지를 말이야. 결국 요도야 조안은 도쿠가와 이에야

일본 제2의 수도 오사카의 오늘날 풍경

스를 도왔고, 전투는 도쿠가와 이에야스의 승리로 끝났어. 요도야 조안의 선택이 적중했던 거야. 도쿠가와 이에야스가 상을 내리겠다고 하자, 요도야 조안은 이렇게 말했어.

"전투가 벌어진 곳에 있는 시체들을 치우게 해 주십시오."

이 말을 듣고 도쿠가와 이에야스는 깜짝 놀랐어. 상을 받기는커녕 시간과 비용이 많이 드는 귀찮은 일을 대신 해 주겠다고 나서니 말이야. 도쿠가와 이에야스는 흔쾌히 허락했어.

요도야 조안은 전투가 벌어졌던 곳으로 갔어. 그곳에는 수만 구의 시체와 함께 그들이 사용하던 갑옷과 무기들도 함께 널려 있었지. 요도야 조안이 노린 것은 바로 그것이었어. 그 많은 갑옷과 무기를 팔아 시체 치우는 비용의 몇 배나 되는 이익을 벌어들였단다.

큰 사업가가 된 요도야 조안은 오사카를 위해 많은 일을 했어. 그중에서 가장 중요한 일은 오사카의 나카노시마라는 곳에 130개 지역의 대형 창고를 만든 것이었지. 전국의 다이묘들이 보낸 지방 특산품들이 이 대형 창고로 모여들었다가 다시 에도로 팔려나갔어. 이렇게 해서 오사카는 일본 경제의 중심지가 되었고, '천하의 부엌'이라는 별명을 얻게 되었던 거야.

요도야 조안 기념비
오사카에 세워진 요도야 조안의 기념비야. 조각을 잘 보면 물건을 나르는 소와 사람들이 보여. 요도야 조인이 세웠던 창고를 나타낸 것 같아.

| 스모 경기

• 에도 시대 •

신을 향한 의식, 스모
09

- **조몬 시대 기원전 1만 년경**
  세계 최초의 토기 탄생
- **야요이 시대 기원전 300년경**
  한반도에서 벼농사와 철기 전파
- **아스카 시대 년대 600후반**
  덴노 칭호를 사용하기 시작
- **나라 시대 752년**
  도다이지 대불 완성
- **헤이안 시대 1000년대 초반**
  《겐지 모노가타리》 완성
- **가마쿠라 시대 1185년**
  최초의 막부 설립
- **전국 시대 1575년**
  오다 노부나가, 나가시노 전투에서 승리
- **에도 시대 1635년**
  참근교대 제도 시행
- **에도 시대 1700년**
  스모, 스포츠로 정착

- **메이지 시대 1868년**
  메이지 유신 시작
- **근대 1929년**
  돈가스 탄생
- **현대 1992년**
  마이너스 성장 기록

'국기'란 나라를 대표하는 스포츠를 말해. 우리나라의 국기는 뭐지? 아마 태권도라고 답하는 사람이 많을 거야. 태권도를 널리 보급하기 위해 만든 '국기원'이라는 곳이 서울 강남에 있어. 그렇다면 일본에도 국기가 있지 않을까? 일본인들은 보통 '스모'를 국기로 여겨.

　스모 경기를 본 적 있어? 스모는 둥근 모래판에서 '마와시'를 맨 두 명의 선수가 힘을 겨루는 경기야. 이것만 생각하면 우리나라의 씨름과 같아. 그러나 자세히 보면 다른 점이 많아. 두 선수가 서로 거리를 둔 채 잔뜩 웅크리고 상대를 노려보다가, 경기 시작을 알리는 소리가 울리면 서로에게 달려들어 힘을 겨뤄. 씨름은 서로의 샅바를 잡고 시작하는데 스모는 그렇지가 않구나.

그런데 스모 선수를 보면 좀 특이해 보이지 않아? 벌거벗은 몸에 천 한 장만 두른 모습이 무척 야만스러워 보여. 머리에 튼 상투도 무척 특이해 보이고. 스모 선수들은 승자나 패자나 모두 무표정한 얼굴이야. 이것도 태권도, 씨름, 레슬링 등 다른 격투기 종목과 다른 점이야.

스모는 분명 스포츠인데도 왜 다른 스포츠와 달라 보이는 걸까? 지금부터 스모의 역사에 대해 살펴보자. 그리고 스모를 통해서 일본의 문화를 이해해 보자.

스모의 탄생

스모는 처음에는 신들에게 풍년을 기원하는 의례 가운데 하나였다고 해. 신토의 의식과 관계가 깊었지.

여러 마을 사람들이 모여 함께 제사를 지낼 때, 제사 의례 중에는 스모도 포함되어 있었어. 각 마을은 대표 선수를 선발하고, 대표 선수들은 서로 스모로 승부를 겨루었지. 이렇게 승부를 겨루는 모습 자체를 신들에게 바쳤던 거야.

그러나 기왕이면 이기는 게 더 좋지 않았을까? 시합에서 이기면 이렇게 생각했을 거야.

"올해는 신께서 우리 마을에 풍년을 내리시려나 보다!"

스모가 백성들 사이에 자리를 잡자, 왕실에서도 제사 때 스모

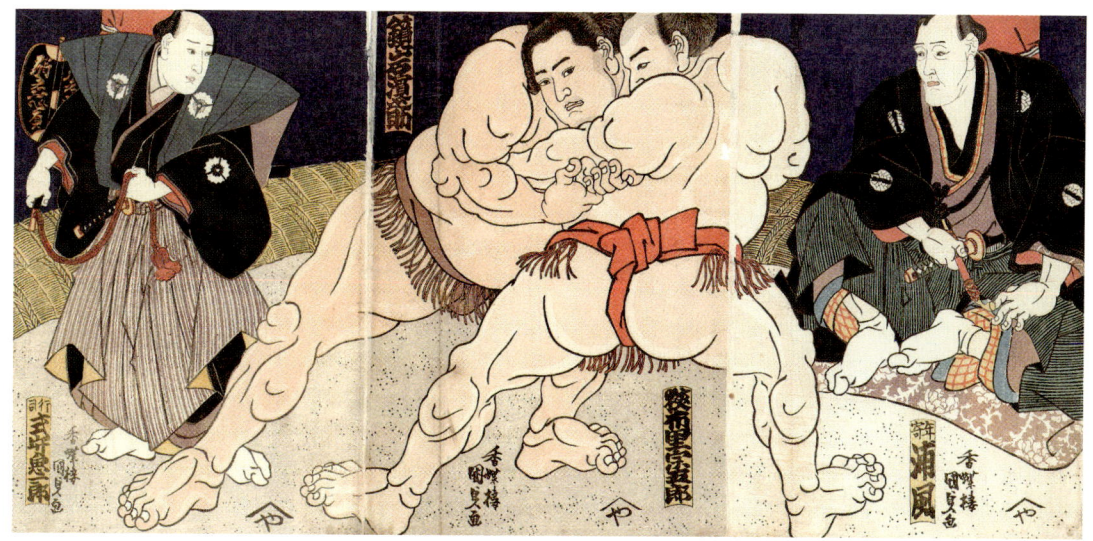

스모 경기
선수들이 맞붙어 시합하는 장면이야. 왼쪽에서 심판이 지켜보고 있구나. 스모에서는 상대를 모래판 밖으로 밀어내기만 해도 승리할 수 있어. 게다가 세 번 싸워서 두 번, 또는 다섯 번 싸워서 세 번 이기면 승리하는 씨름과 달리 승부가 단 한 판으로 결정돼.

를 하기 시작했어. 스모를 이용해서 백성들을 다스리려 한 거지. 도다이지와 대불을 만들었던 쇼무 덴노 기억나지? 쇼무 덴노는 백성들을 불러 모아놓고 신들에게 스모 대회를 바쳤는데, 마침 그 해에 풍년이 들었어. 쇼무 덴노는 크게 기뻐하여 이듬해부터 매년 7월 7일 스모 대회를 열었다는구나.

　스모 대회는 신토의 의례였지만, 덴노의 권력을 드러내기 위한 행사이기도 했어. 스모 대회에는 황족과 귀족들이 참석한 것은 물론이고 수많은 백성들이 구름떼처럼 몰려왔는데, 그들은 성대한 스모 대회를 보면서 덴노의 거대한 권력 앞에 복종심을 느꼈을 거야. 그러나 헤이안 시대가 되어 후지와라 가문이 권력을 차지하자 스모 대회는 중단되고 말아.

　가마쿠라 시대가 시작되자 권력은 귀족에서 사무라이에게로

유도 시합
일본의 전통 격투기인 유도는 유술에서 유래되었는데, 이 유술이 바로 스모가 변형되어 탄생한 것이라고 해.

넘어갔어. 사무라이들의 우두머리인 쇼군은 스모를 다른 방식으로 활용하기 시작했어. 사무라이의 체력을 기르고 무예를 단련시키기 위한 체육 과목으로 만들었지. 가마쿠라 막부를 연 미나모토노 요리토모나, 일본을 통일한 오다 노부나가와 도요토미 히데요시 등은 군사 교육에 스모를 적극 활용했단다.

스포츠로 발전한 스모

도쿠가와 이에야스가 에도 막부를 세우자 일본 열도에 평화가 찾아왔어. 그런데 평화를 달가워하지 않는 사람도 있었어. 바로 사무라이들이야. 그동안 전투 전문가로 활약했던 사무라이들은 다른 할 일을 찾아야 했어. 사무라이들 중에는 관리가 되거나 문인이나 상인이 된 사람도 있었지만, 스모 선수가 된 자도 있었단다.

스모 선수가 된 사무라이들은 먹고살기 위해 돈을 벌어야 했고, 마침내 좋은 아이디어를 떠올렸어. 일명 '자선 스모 대회'였지. 스모 대회의 관중 수입으로 절이나 신사를 짓거나 마을을 수리하는 데 필요한 비용을 마련하겠다며 대회를 여는 거야. 스모 선수들은 관중 수입 중에서 일정한 금액을 기부하고 남은 돈을 챙길 수 있었고, 관중들은 재미있는 스모 경기도 보고 좋은 일에 돈을 기부할 수도 있었지. 스모 선수나 관중 모두에게 일석이조였던 셈이야.

스모 대회를 여는 횟수는 점점 많아졌고 수입도 점점 늘어났어. 처음에는 주로 자선을 위한 대회를 열었지만, 이제는 오로지 돈을 벌기 위해 여는 대회가 더 많아졌지.

스모 경기를 더욱 재미있게 만들기 위해 새로운 아이디어를 동원하기도 했어. 예를 들면 여자 스모 선수를 등장시키는 거야.

거구의 여자가 체격이 작은 남자를 쓰러뜨리거나, 여자들끼리 스모를 하게 해서 관중들의 흥미를 높였지. 이렇게 해서 스모는 에도 시대 최고의 인기 스포츠로 발전했단다.

스모 대회가 성행하자, 선수들의 인기도 함께 치솟았어. 그림을 하나 볼까? '우키요에'라고 부르는 일본 그림이야. 우리나라의 풍속화나 민화와 비슷한 그림이라고 보면 되는데, 대량 생산을 위해 주로 판화로 만들어졌어. 스모 선수들은 우키요에로

스모 선수
에도 시대 인기 스모 선수의 우키요에야. 커다란 덩치가 눈에 띄는구나.

신을 향한 의식, 스모 | 115

국기관
스모 전용 경기장이 있는 일본의 국기관이야.

그려져 서민들에게 팔려 나갔어. 서민들은 자기가 좋아하는 스모 선수의 그림으로 집을 장식했지. 우리가 좋아하는 인기 스타의 브로마이드를 방 안에 붙여 놓는 것처럼 말이야.

이렇게 인기가 높았던 스모도 한때 위기를 맞은 적이 있었어. 150여 년 전 일본이 개항을 해서 서양 문물이 물밀듯이 들어왔을 때야. 당시 일본인들은 서양 문화를 일방적으로 좋아했고, 근대화하기 위해서는 서양 문화를 배워야 한다고 목소리를 높였어. 그런 와중에 스모를 비판하는 사람이 생겨났어. 서양 스포츠들은 품위가 있어 보이는데, 스모는 벌거벗고 하는 야만적인 스포츠라는 거야. 스모 경기를 찾는 관중도 점점 줄어만 갔어.

그러나 일본의 전통 문화를 보존하고 계승하기 위해 스모를 지켜야 한다고 생각하는 사람도 적지 않았어. 그럴 무렵 덴노가 스모 대회를 직접 관람했는데, 이것이 계기가 되어 스모에 대한 관심이 다시 높아졌고, 1909년 도쿄에 스모 전용 경기장이 세워졌어. 이 경기장의 이름은 '국기관'이야. 이때부터 스모는 일본의 국기로 불리기 시작했고, 지금까지도 인기 스포츠로 사랑받고 있단다.

스모와 신토

1500년의 오랜 역사와 전통을 지닌 일본 스포츠, 스모. 스모가 이렇게 긴 시간 동안 사랑받은 까닭은 무엇일까? 그건 스모 경기에 신토 의례의 여러 모습들이 스며 있기 때문이야.

지금부터 스모 경기장으로 한번 들어가 보자.

도효는 스모에서 가장 중요한 곳으로, 우리 식으로 말하면 씨름판이야. 정사각형의 공간에 흙이 깔려 있어.

실제 경기는 정사각형 속에 있는 원 안에서 해. 원과 정사각형 사이는 쌀가마니를 축소해서 만든 짚가마니를 흙에 묻어 경계로 삼지. 스모는 풍년을 기원하는 의례에서 시작되었다고 했지? 도효의 흙과 가마니는 농경을 상징하는 장치인 셈이야.

도효는 스모 경기가 이루어지는 곳이지만, 동시에 신에게 제사를 지내는 신성한 공간이기도 해. 그래서 대회를 모두 마친 후에는 도효를 헐어버린단다. 이미 부정 탄 것을 더 이상 사용해서는 안 된다고 여기기 때문이지.

도효 위에는 집의 지붕처럼 생긴 것이 매달려 있어. 아마테라스를 모신 이세 신궁의 지붕이나 마쓰리 때 사용하는 가마의 모습을 본떠 만든 거라고 해. 아마테라스를 비롯하여 신토의 여러 신에게 제사를 지내는 의식에서 스모가 시작되었기 때문에 이런 장치가 있는 거야.

지붕의 네 귀퉁이에는 실타래가 드리워져 있어. 이건 사신도에 등장하는 청룡, 백호, 주작, 현무를 상징하기도 하고 사계절을 나타내기도 한단다.

도효에 입장한 선수는 먼저 바닥을 힘껏 밟기도 하고, 발을 올렸다 내렸다, 벌렸다 오므렸다 하는 행동을 해. 이건 단순한 준비 운동이 아니야. 시합을 무사히 마칠 수 있도록 신에게 비는 의식이지. 물을 마신 후 입을 헹구거나 닦기도 하고 손바닥을 몇 번 치기도 하는데, 신사의 데미즈야나 배전에서 하는 행동과 비슷하구나. 끝으로 소금을 집어 도효에 뿌리는데, 이건 부정 타는 걸 막기 위해서란다.

모든 준비가 끝나면 시합이 시작되는데, 우리 눈에 가장 특이하게 보이는 건 선수들의 복장이야. 하반신을 마와시로 가리긴 했지만, 거의 벌거벗은 것 같지? 이렇게 거의 맨몸으로 싸우는 건 맨몸이 청결하다고 느끼기 때문이야. 신들 앞에서 최대한 청결한 몸으로 시합을 벌이고자 하는 거지.

선수들은 경기를 시작할 때부터 끝낼 때까지 표정에 아무런 변화가 없어. 보통의 스포츠에서는 승자가 승리의 기쁨을 마음껏 드러낼 수 있지만, 스모 선수들은 승리의 기쁨조차 절대 내색하지 않는단다. 이것 역시 스모를 신들을 향한 경건한 의례로 여기는 생각이 담겨 있기 때문이야.

온 국민의 사랑을 받는 고교야구 대회, 고시엔

NHK는 우리나라의 KBS와 같은 일본 최대의 국영 방송이야. 그런 NHK가 유일하게 독점 중계를 하는 스포츠가 두 가지 있다는구나. 하나는 스모이고, 또 하나는 고시엔이야. 스모가 일본을 대표하는 전통 스포츠라면, 고시엔은 일본을 대표하는 현대 스포츠, 즉 야구의 전국 대회 이름이지.

원래 고시엔은 오사카 인근에 위치한 야구장 이름이야. 매년 여름 이곳 고시엔에서 전국 고교야구 선수권 대회 본선이 열리기 때문에, 그 경기장 이름을 따서 이 대회를 '고시엔'이라고 부르게 된 거야.

우리나라는 프로야구가 시작된 후 고교야구의 인기가 시들해졌지만, 일본은 고교야구가 여전히 사랑받고 있어. 심지어 자기 지역의 고교 팀이 고시엔 대회 본선에 진출하면 주민들은 만사를 제쳐 두고 고시엔 구장까지 응원을 간다고 해. 그 모습이 마치 마쓰리와 같은 축제를 벌이는 것과 같지.

이렇게 온 국민의 사랑을 받는 고시엔 대회는 참가하는 선수들에게도 영광스러운 자리야. 선수들은 경기에 패하면 아쉬워하면서도 고시엔 구장의 흙을 주머니에 가져가 기념으로 삼는다는구나.

고시엔
고시엔에 참가하기 위해서는 예선을 통과해야 하는데, 전국의 4000개가 넘는 고교 야구팀 중에서 49개 팀만이 고시엔 구장을 밟을 수가 있다는구나. 경쟁률이 무려 100대 1이야!

일본 최고의 종합 공연 예술, 가부키

가부키는 노래, 춤, 연기로 구성되어 있는 종합 연극이야. 지금의 뮤지컬 같다고 해야 할까?

가부키는 도쿠가와 이에야스가 에도 막부를 열었던 1603년에 탄생한 예술 장르야. 우리는 앞에서 '신들의 국회의사당' 이즈모 신사에 대해 살펴보았지? 그 이즈모 신사에 '오쿠니'라는 무녀가 있었어. 오쿠니는 신사 증축을 위한 비용을 마련하기 위해 여자 춤꾼들과 떠돌아다니면서 춤 공연을 했는데, 그야말로 대박을 터뜨렸어.

오쿠니의 공연이 사람들의 인기를 끌자, 지금으로 치면 연예 기획사들이 등장해서 여자 춤꾼들을 모아 극단을 만들고, 춤에 노래와 연극을 곁들여 공연을 했어. 그렇게 해서 가부키라는 예술 장르가 탄생하게

가부키 공연
집처럼 꾸며 놓은 무대 위에서 배우들이 공연을 하고 있어. 그 주위를 수많은 관객들이 둘러싸고 앉아 공연을 관람하고 있지. 에도 시대의 가부키 공연 장면이란다.

이치카와 단주로 9세
유명한 가부키 배우인 이치카와 단주로의 우키요에야. 왼쪽은 여성으로, 오른쪽은 남성으로 분장한 모습이지. 이치카와 단주로의 집안은 대대로 같은 이름을 물려받으면서 가부키 배우를 가업으로 이어가고 있어.

된 거야.

　가부키 배우는 처음에는 모두 여성이었어. 그러나 에도 막부는 풍기문란을 일으킨다는 이유로 여성이 무대에 오르는 걸 금지했어. 이후 가부키 무대에는 배역이 남자건 여자건 무조건 남성 배우가 올라가게 되었단다.

　가부키는 형식을 중요하게 여기는 예술이야. 배우들의 손과 발, 몸 동작 하나하나에 아주 세세한 규칙들이 정해져 있지. 배우의 동작들을 보고 해석할 수 있다면 더욱 재미있게 관람할 수 있지. 또 하나, 가부키 무대 그림을 보면 객석을 가로질러 길게 연결된 무대 장치가 있어. 관객들은 이곳을 드나드는 배우들을 바로 눈앞에서 보면서 배우와 하나가 된 듯한 느낌을 가질 수 있지. 가부키는 이런 요소들을 갖춘 덕분에도 시대는 물론 지금까지도 일본인에게 사랑받고 있단다.

1 덴노가 머무는 고쿄

• 메이지 시대

덴노는 어떤 존재인가?

10

- **조몬 시대 기원전 1만 년경**
  세계 최초의 토기 탄생
- **야요이 시대 기원전 300년경**
  한반도에서 벼농사와 철기 전파
- **아스카 시대 600년대 후반**
  덴노 칭호를 사용하기 시작
- **나라 시대 752년**
  도다이지 대불 완성
- **헤이안 시대 1000년대 초반**
  《겐지 모노가타리》 완성
- **가마쿠라 시대 1185년**
  최초의 막부 설립
- **전국 시대 1575년**
  오다 노부나가, 나가시노 전투에서 승리
- **에도 시대 1635년**
  참근교대 제도 시행
- **에도 시대 1700년대**
  스모, 스포츠로 정착
- **메이지 시대 1868년**
  메이지 유신 시작

- **근대 1929년**
  돈가스 탄생
- **현대 1992년**
  마이너스 성장 기록

일본에는 대통령이 없지만 대통령 역할을 하는 사람이 있어. '수상'이라고 불리지. 일본 수상을 뽑는 방법은 한국의 대통령과 달라. 대통령은 국민의 직접 투표로 뽑지만, 수상은 국회의원 선거를 통해 다수당이 된 여당의 총리가 맡지. 뽑는 방법은 달라도 대통령과 수상이 하는 일은 비슷해. 나라를 대표하고, 행정부의 우두머리 역할을 하지.

그런데 일본에는 수상 말고도 높은 사람이 하나 더 있어. 바로 '덴노'야. 아니, 야마토 왕조 때 등장했던 덴노가 아직까지도 존재하느냐고? 맞아. 덴노는 1300년이 넘도록 계속 대를 이어 존재했고, 지금도 여전히 존재하고 있어.

우리나라와 일본은 둘 다 민주주의 국가야. 우리나라에는 삼국 시대부터 조선 시대까지 왕이 있었지만, 민주주의 국가가 된 이후에는 왕 대신 대통령이 통치하는 나라가 되었어. 그런데 일본은 수상이 다스리는 나라인데도 덴노가 지금까지도 남아 있으니 참 특이하구나. 물론 덴노는 일본을 직접 통치하지 않고 상징적으로만 남아 있을 뿐이지만 말이야.

그럼, 덴노는 상징적인 존재니까 그냥 무시해도 될까?

해마다 신년이 되면 수많은 사람들이 덴노가 사는 고쇼 앞에 몰려들어. 덴노의 인기는 대단해. 사람들의 마음속에는 여전히 덴노가 남아 있는 거지. 옛날의 왕에 불과한 존재인데, 게다가 이제는 상징적인 존재일 뿐인데, 왜 일본인들은 덴노를 좋아하는 걸까?

겨우 목숨을 부지한 덴노 가문

미나모토노 요리토모가 막부를 세운 후 700년 동안 일본은 사무라이가 지배하는 시대였어. 쇼군과 다이묘 등 사무라이들의 모습이 어땠는지는 앞에서 이야기했지? 그럼, 이때 덴노 가문은 어떻게 되었을까?

사무라이로서 처음 일본을 지배한 건 가마쿠라 막부를 세운 미나모토노 요리토모야. 미나모토노 요리토모는 강한 무력을 지닌 사람이었어. 마음만 먹으면 덴노 가문을 멸망시킬 수도 있었지. 그러나 그렇게 하지 않았어. 덴노는 정치권력은 잃었지만,

여전히 상징적으로 중요한 존재였기 때문이야.

그래서 미나모토노 요리토모는 덴노 가문을 살려두었을 뿐 아니라, 오히려 덴노에게 복종하는 척했어. 덴노에게 '쇼군'이라는 칭호를 하사받고는 일본 전체의 2인자인 것처럼 행세했지.

미나모토노 요리토모의 방법은 이후 다른 막부 시대의 쇼군들도 계승했어. 무로마치 막부 때는 물론이고 에도 막부를 연 도쿠가와 이에야스도 마찬가지였지. 새로운 막부가 들어설 때마다 막부의 수도는 가마쿠라, 교토, 에도로 이동했지만, 덴노는 헤

이안 시대 때부터 에도 막부가 멸망할 때까지 줄곧 교토에 거주했어.

덴노 가문은 사무라이가 정치권력을 장악한 동안에도 자기 자리를 지킬 수 있었어. 그러나 좀 더 정확히 말하면 겨우 살아남았다고 보는 게 맞아. 덴노는 아무런 실권도 없기 때문에 쇼군들에게 무시를 당하곤 했어. 어떤 쇼군은 최소한의 생계도 보장해 주지 않고 덴노가 헐벗고 굶주리게 내버려 두기도 했지.

시간이 지날수록 사람들은 덴노의 존재를 잊어갔어. 에도 시대가 되고 200여 년의 시간이 흐르는 동안 덴노가 누구인지 전혀 모르는 사람도 많아졌지.

덴노의 부활

1853년 6월 에도 앞바다. 갑자기 어디선가 거대한 함선 네 척이 나타났어. 함선들은 마치 시커먼 섬과 같았고, 내뿜는 연기는 꼭 화산이 폭발하는 것과 같았지. 그래서 사람들은 이 함선들을 '흑선'이라고 불렀어. 흑선은 육지를 향해 날마다 공포탄을 쏘아댔고, 엄청난 폭발음에 일본인들은 겁에 질려 도망치기에 바빴지.

이 함선들을 이끌고 온 건 미국의 매슈 페리라는 제독이야. 페리 제독은 에도 막부에 개항을 요구했어. 미국과 무역을 하자는 것이었지. 흑선을 보고 겁에 질린 에도 막부는 페리 제독의

黑船
검을 흑 배 선

提督
끌 제 살펴볼 독
해군 장관. 함대의 사령관.

'흑선'이라고 불린 페리 제독의 함선
화력을 뽐내는 네 척의 시커멓고 커다란 배를 본 사람들은 깜짝 놀랐을 거야. 미국은 무력을 앞세워 일본과 조약을 맺었단다.

요구를 들어줄 수밖에 없었고 결국 미국과 화친 조약을 맺어야 했어. 이후 일본은 영국, 러시아, 네덜란드 등과도 같은 내용으로 화친 조약을 맺었단다.

일본이 서양 나라들과 맺은 조약은 모두 불평등 조약이었어. 무역을 하면 할수록 손해를 보았고, 그 손해는 모두 일본 백성들의 몫이었지. 사람들은 서양과 불리한 조약을 맺은 에도 막부에 불만을 갖기 시작했어.

쇼군의 정권 반납
서양 무기의 위력을 가장 먼저 맛본 조슈 번과 사쓰마 번은 서양에 휘둘리는 막부를 없애려고 앞장섰어. 결국 쇼군은 덴노에게 정권을 반납했단다.

결국 일부 다이묘들이 '존왕양이'를 내세우며 반란을 일으켰어.

"막부의 쇼군을 몰아내고 덴노를 다시 중심에 세워서(존왕) 서양 세력들을 몰아내자(양이)!"

결국 반란은 성공했고 에도 막부는 멸망했어. 새로 정권을 차지한 세력들은 오랜 시간 동안 잠자고 있던 덴노를 깨워 다시 전면에 내세웠어. 이 무렵 즉위한 사람이 바로 메이지 덴노이고, 이때부터를 '메이지 시대'(1868~1912년)라고 불러. 메이지 정부는 덴노를 앞세워 나라 전체를 개혁하기 시작했는데, 이것을 메이지 유신이라고 부른단다.

메이지 정부는 덴노를 중심으로 민심을 모아야 한다고 생각했어. 그런데 700년의 막부 시대 동안, 덴노는 백성들에게 거의 있으나마나 한 존재였다고 했지? 메이지 정부는 국민들에게 덴노의 존재를 알리기 위해 덴노의 거처를 교토에서 에도로 옮겼어. 그리고 에도를 '동쪽에 있는 수도'라는 뜻으로 '도쿄(동경)'로 바꾸었지. 메이지 덴노가 도쿄로 가는 행렬을 보며 국민들은 덴노의 존재를 다시 깨닫게 되었단다.

메이지 정부는 천노를 마친 후에도 전국

尊王攘夷
높일 존 임금 왕
물리칠 양 오랑캐 이

維新
벼리 유 새로울 신

東京
동녘 동 서울 경

메이지 덴노
메이지 유신의 기준이 되었던 건 바로 일본을 침략했던 서구 열강들이었어. 메이지 덴노는 차려입은 서양식 의복처럼 모든 것을 서양의 것으로 개혁하고자 했단다.

구석구석을 돌며 덴노의 존재를 알렸어. 국민들은 점차 덴노가 일본에서 가장 높은 존재이며 충성해야 할 대상이라는 걸 깨닫게 되었지.

메이지 정부는 덴노를 더욱 신성한 존재로 만들기로 작정했어. 덴노 가문 대대로 내려오던 신화를 역사로 만들어 버렸지. 《고사기》에 보면 아마테라스의 증손자가 진무 덴노이고, 진무 덴노가 기원전 660년에 일본을 건국했다고 나와. 이건 분명 신화에 불과해. 신화는 신화로 읽어야 하지.

그러나 메이지 정부는 진무 덴노를 실제로 존재했던 인물로 만들었어. 진무 덴노의 능을 만들어 참배했지. 그리고 메이지 덴노는 진무 덴노의 자손이며 덴노 가문은 진무 덴노 때부터 지금

도쿄에 도착한 덴노 행렬
오랫동안 머물렀던 교토를 떠나 새로운 수도 도쿄에 도착한 덴노의 행렬을 담은 그림이야. 교토에서 시작된 장대한 행렬은 많은 일본인들에게 강렬한 인상을 주었지.

까지 2500년 동안 한 번도 끊어지지 않고 이어져 내려왔다고 선전했단다.

진무 덴노의 신화는 심지어 교과서에도 실렸어. 실제 존재한 역사였다는 듯이 말이야. 국민들은 덴노 가문의 신화를 역사적 사실로 받아들이기 시작했어.

"덴노는 태양의 신 아마테라스의 자손이자 진무 덴노의 자손이다. 그러므로 인간이면서 동시에 신이다. 또한 덴노는 일본 역사를 처음부터 지금까지 한 번도 쉬지 않고 다스린 존재이므로 우리는 충성을 다해 받들어야 한다."

진무 덴노의 능
첫 번째 덴노라는 진무 덴노의 능이야. 진무 덴노의 능으로 밝혀지지 않은 상태였는데도 무덤을 후대에 복원해서 지금의 모습이 되었어.

제국주의 일본과 덴노

메이지 정부는 메이지 유신으로 부국강병을 이룩하고, 덴노를 중심으로 국민들을 단결시켰어. 그 결과 일본은 20여 년이 흐른 뒤에는 다른 나라를 침략할 수 있을 만큼 국력이 커졌단다.

첫 번째 침략 대상은 조선이야. 1876년 일본은 조선과 강화도 조약을 체결했어. 일본이 서양 나라들에게 당했던 것과 똑같은 방식으로 조선에 불평등 조약을 강요했지. 이후 일본은 청나라, 러시아를 잇달아 격파하며 서양 열강과 어깨를 나란히 했고, 1910년에는 조선을 강제 병합했단다.

메이지 덴노가 죽은 후 일본은 다이쇼 덴노의 시대(1912~1926

쇼와 덴노
하얀 말 위에 앉아서 경례하는 손짓을 보이는 사람이 바로 쇼와 덴노야. 군대를 살피러 온 모습이지.

년)와 쇼와 덴노의 시대(1926~1989년)가 차례로 이어져. 특히 쇼와 덴노는 전 세계를 지배하겠다는 헛된 꿈에 부풀어 있었던 사람이야. 중국을 침략하여 일부 지역을 차지하고 나서는 2차 세계 대전 기간 동안 태평양 전쟁을 일으켰지.

쇼와 덴노는 국민들의 충성심을 이용해서 전쟁을 일으켰어. 아시아 여러 나라 사람들을 전쟁의 고통으로 몰아넣었지. 그러나 히로시마와 나가사키에 미국의 원자 폭탄이 떨어졌고, 일본은 결국 1945년 8월 15일 항복을 선언했단다.

그 후 한동안은 연합국 총사령부가 일본을 통치하게 되었어. 이때 최고 사령관은 맥아더야. 맥아더는 한국 전쟁 때 인천상륙작전을 성공시킨 미군 총사령관이어서 우리도 잘 알지?

이제 사람들의 관심은 한곳으로 집중되었어. 일본이 그동안 저지른 전쟁 범죄와 만행을 심판할 차례가 되었지. 특히 전쟁을 맨 앞에서 이끈 쇼와 덴노를 어떻게 할 것인지가 가장 중요한 문제였어. 전 세계 여론은 덴노 제도를 폐지하라고 목소리를 높였어. 아시아의 수많은 사람들을 죽음으로 몰아넣은 덴노를 가만 놔둔다면 말이 안 된다는 것이었지.

그러나 연합국 총사령부 최고 사령관 맥아더는 덴노 처벌과 덴노 제도 폐지를 반대했어. 많은 일본인들이 여전히 덴노를 따르고 있었기 때문이야. 오랜 교육을 통해 덴노는 신이며 충성해

히로시마 평화 기념관
원자 폭탄이 떨어져 초토화되었던 히로시마에 남겨진 평화 기념관이야. 무슨 기념관이 이렇게 초라하냐고? 원자 폭탄이 떨어진 당시의 파괴된 모습 그대로거든. 원폭 돔이라고도 해.

야 하는 존재라는 생각이 일본 국민들 마음속에 뿌리 깊게 박혀 있었지. 맥아더는 덴노를 살려 두어야 일본인들을 통치하기가 쉬워진다고 판단했단다. 대신 덴노의 실권을 빼앗고 상징적인 존재로만 남겨 두기로 했어.

덴노는 이렇게 선언했어.

"나는 인간일 뿐, 신이 아니다!"

이후 덴노는 70년 가까이 상징적인 존재로 남아 있어.

그러나 가만히 보면 덴노는 상징적인 존재로만 머물러 있지는

덴노의 희생양, 가미카제 특공대

"대의의 피바람 구름을 물들여/ 필사필중 육탄 공격/ 적함을 어찌 놓치겠느냐/ 보라 불멸의 대전과/ 승전가는 드높이 울려 퍼지나/ 이제는 돌아오지 않는 전사들이여/…"

태평양 전쟁 당시 일본의 '가미카제 특공대'를 찬양하는 노래야. 가미카제 특공대에 대해 들어보았니? 좀 끔찍하긴 하지만, 이건 자살 부대야. 이 부대의 임무는 폭탄이나 폭약을 실은 비행기, 잠수정 등을 타고서 연합국의 함선을 들이받아 침몰시키고 자신도 스스로 목숨을 끊는 것이었지. 특공대원이 살아서 돌아오는 걸 막으려고 공격에 필요한 만큼만 연료를 공급해 주었다는구나.

이런 자살 공격은 어떻게 가능했을까? 스스로 목숨을 끊는 것이 쉬운 일이 아닌데 말이야. 과연 가미카제 특공대를 있게 만든 원동력은 무엇이었을까?

그건 바로 덴노에 대한 충성심이었어. 태평양 전쟁 당시 일본에서는 덴노가 신과 같은 존재였어. 일본 군부는 특공대원들에게 신과 같은 존재인 덴노를 위해 목숨을 끊는 것이야말로 가치 있는 죽음이라고 강조했어. 그리고 죽은 영혼으로 야스쿠니 신사에 들어가는 영예를 얻게 될 것이라고 선전했지. 결국 가미카제 특공대는 덴노의 희생양이었던 거야.

아키히토 덴노 부부
지금의 덴노인 아키히토 부부의 모습이야. 패전 이후 일본의 덴노는 상징적인 존재가 되었지만 일본인들에게 끼치는 영향이 여전히 크지.

않는 것 같아. 덴노 가문의 시조라고 불리는 진무 덴노의 즉위일이 2월 11일인데, 이 날은 일본의 국경일이야. 새해가 되면 덴노가 머무는 고쇼 앞에 많은 사람들이 덴노 내외를 보기 위해 몰려들어. 특히 덴노를 존경하는 것을 넘어서서 떠받드는 사람도 여전히 많지.

현재 덴노는 상징적인 존재로 남아 있지만, 이런 상황이 영원히 지속될 거라고 확신할 수는 없어. 사무라이가 나라를 다스릴 때 700년 동안이나 잊혔다가 다시 부활했던 덴노 가문이야. 만약에 과거 일본 제국주의 시대를 그리워하는 사람들이 덴노를 부활시킨다면 세계 평화는 또다시 위협받게 될지도 몰라.

야스쿠니 신사 참배, 뭐가 문제야?

텔레비전에서 종종 이런 뉴스가 나오곤 해.
"오늘 일본 수상이 야스쿠니 신사를 참배했습니다."

신사라면 일본 고유의 종교 신토의 신을 모셔 둔 곳이잖아. 일본 수상이 신사를 참배하건 말건 우리와 무슨 상관이지? 왜 이런 뉴스가 나오는 걸까?

야스쿠니 신사는 일본의 수도 도쿄에 있는 신사야. 메이지 시대 이후에 덴노를 위해 전쟁터에 나갔다가 죽은 250만여 명의 영혼을 모신 곳이지. 문제는 이 신사에 태평양 전쟁에 참전한 일반 병사들의 영혼뿐 아니라 전쟁 책임자들의 영혼도 함께 있다는 사실이야.

"아니, 일본 수상이라는 사람이 태평양 전쟁의 책임자들을 참배한다고?"

우리나라를 비롯한 아시아 국민들은 이런 뉴스를 접할 때마다 화가 날 수밖에 없어. 일본 수상의 야스쿠니 참배는 과거 태평양 전쟁을 반성하기는커녕 미화하는 것으로 보이니까 말이야. 그래서 우리나라를 비롯한 전쟁 피해국 정부들은 일본 수상의 야스쿠니 신사 참배를 반대하고 있어. 더 나아가서 전쟁 책임자들의 영혼을 다른 곳

으로 옮기라고 요구하고 있지. 그러나 일본 정부는 꿈쩍도 하지 않아.

"한번 모셔진 신을 인간이 옮길 수는 없다!"

문제는 이게 다가 아니야. 야스쿠니 신사에는 조선 출신 2만 1000명, 대만 출신 2만 8000명 등 다른 나라 출신의 영혼도 있어.

야스쿠니 신사
야스쿠니 신사의 배전이야. 일본 수상이나 국회 의원들이 꾸준히 참배를 해서 태평양 전쟁 때 피해를 입은 국가들과 마찰을 빚고 있지.

지만, 역시 일본 정부는 들은 체 만 체야.

"전사한 시점에서 일본인이었으니, 죽은 후에 다시 일본인이 아닌 것으로 될 수는 없다."

우리나라를 비롯한 전쟁 피해국들이 모두 반대하고 있는데도, 일본 수상이 야스쿠니 신사를 참배하는 이유는 무엇일까? 그건 덴노가 일본인들의 마음속에 여전히 중요한 존재로 남아 있기 때문이야.

일본 수상은 야스쿠니 신사를 참배함으로써 자신이 덴노를 존중한다는 사실을 보여 주는 거야. 그렇게 해서 덴노를 존경하는 국민들의 지지를 이끌어내려 하는 거지. 덴노를 존경하는 일본인들의 마음이 달라지지 않는다면, 일본 수상의 야스쿠니 신사 참배는 아마 계속될지도 몰라.

조선과 대만의 전사자 유족들도 모르는 사이에, 5만 명 가까운 영혼이 야스쿠니 신사에 들어간 거지. 조선과 대만 정부는 이 영혼들을 다른 곳으로 옮기라고 요구하고 있

| 쇼와 시대 일본 번화가의 풍경

• 근대 •

돈가스의 탄생

11

- **조몬 시대 기원전 1만 년경**
  세계 최초의 토기 탄생
- **야요이 시대 기원전 300년경**
  한반도에서 벼농사와 철기 전파
- **아스카 시대 600년대 후반**
  덴노 칭호를 사용하기 시작
- **나라 시대 752년**
  도다이지 대불 완성
- **헤이안 시대 1000년대 초반**
  《겐지 모노가타리》 완성
- **가마쿠라 시대 1185년**
  최초의 막부 설립
- **전국 시대 1575년**
  오다 노부나가, 나가시노 전투에서 승리
- **에도 시대 1635년**
  참근교대 제도 시행
- **에도 시대 1700년대**
  스모, 스포츠로 정착
- **메이지 시대 1868년**
  메이지 유신 시작
- **쇼와 시대 1929년**
  돈가스 탄생

- **현대 1992년**
  마이너스 성장 기록

돈가스 좋아해? 돈가스는 우리뿐 아니라 일본인들도 즐겨 먹는 음식이야. 특히 일본인들에겐 각별한 음식이지. 운동선수나 수험생들은 반드시 먹는다고 해. 운동선수는 시합 전에 먹고, 수험생은 주로 점심용으로 돈가스 도시락이나 돈가스 샌드위치를 준비해 간단다. 돈가스의 '가스'가 '적을 이긴다'는 뜻의 '가쓰'와 발음이 같기 때문이란다.

여기에서 문제! 돈가스는 어느 나라에서 처음 만들어진 음식일까? 서양에서 만들어져 우리나라와 일본으로 건너온 거라고? 땡! 돈가스는 일본에서 탄생한 음식이야. 일본인들이 서양의 스테이크를 자기네 음식 문화에 맞게 변형시켜 만든 요리지. 이것이 돈가스가 일본인들에게 각별한 또 하나의 이유야.

일본인들은 왜 돈가스를 만들었을까? 그냥 서양의 스테이크를 먹으면 될 텐데, 굳이 변형시키면서까지 새로운 요리로 만든 이유는 무엇일까? 돈가스에는 어떤 역사와 문화가 담겨 있을까?

덴노가 자객의 습격을 당한 까닭

메이지 시대가 시작된 지 4년이 지난 1872년 2월의 어느 날 밤, 메이지 덴노가 머물고 있는 도쿄의 고쇼. 갑자기 이곳을 열 명의 자객이 습격했어. 덴노를 죽이려 한 걸까? 아무튼 그들은 고쇼의 경비대에게 발각되었고, 네 명이 죽고, 다섯 명이 체포되었어.

이 자객들은 왜 이런 엄청난 짓을 저지른 걸까? 체포된 자들을 심문하자, 그중 한 명이 말했어.

"서양인들이 들어온 후로 우리 일본인들이 오로지 육식을 하는 까닭에 땅이 모두 더러워지고 신이 있을 곳이 모두 사라졌다. 서양인들을 몰아내고 우리의 신토와 불교 그리고 영토를 지켜야 한다."

이 말을 정리해 보면, 자객들이 고쇼로 쳐들어온 이유는 육식에 대해 항의하기 위해서였던 거야.

그런데 이상하지? 육식을 하는 게 뭐가 그리 큰 문제라고?

우리 잠시 덴무 덴노가 통치하던 시절로 되돌아가 보자. 당시 덴무 덴노는 '육식 금지령'을 발표했어. 소, 돼지, 말, 개, 원숭

이, 닭 등을 먹지 못하게 했지. 불교를 장려했던 덴무 덴노는 살생을 금지하는 불교의 계율을 따르고 싶었던 거야. 또 일본의 전통 종교인 신토에서는 '피'나 '죽음'을 기피하는데, 덴무 덴노는 이런 점도 고려했을 거야.

 이후에도 육식 금지령은 수차례 내려졌어. 그러나 가축이 아닌 야생짐승이나 조류에 대해서는 너그러운 편이었지. 그래도 육식 금지령은 일본인들에게 육식에 대한 부정적인 생각을 뿌리

깊게 심어주었단다.

"고기는 불결하다. 먹으면 몸도 마음도 부정 탄다." 이런 식으로 말이야.

그렇다면 일본인들은 단백질을 어떻게 섭취했을까? 일본은 섬나라이니 해산물이 풍부한 나라야. 일본인들은 생선으로 단백질을 섭취할 수 있었지.

그런데 1853년 개항 이후 서양 여러 나라와 불평등 조약을 맺으면서, 일본인들은 육식에 대한 생각을 바꾸기 시작했어.

1867년 에도 막부가 물러나고 덴노를 중심으로 하는 메이지 정부가 등장했지? 메이지 정부의 가장 큰 목표는 부국강병을 이

메이지 시대의 일본 거리
벽돌로 지은 건물에 가로등, 말이 끄는 마차에 모자를 쓰고 까만 양복을 입은 사람들. 언뜻 보면 서양의 풍경 같지만 잘 보면 옛 일본식 옷이 보여. 서양의 문물이 자리잡은 일본의 거리 풍경이야.

룩하는 것이었고, 그러기 위해서는 서양의 사상은 물론이고 선진적인 물질문명까지 모조리 배워야 한다. 즉 '문명개화'를 해야 서양을 따라잡을 수 있다. 이렇게 생각했어.

문명개화는 다양한 방면에서 진행되었어. 학문, 사상, 종교, 교육은 물론이고 문화와 생활 분야에서도 큰 변화가 일어났지. 철도와 증기선 같은 획기적인 교통수단은 물론이고 양복, 서양식 건물, 인력거, 램프, 시계, 우산 등도 이때 도입되었어. 지금 우리가 이야기하고 있는 음식 분야 역시 마찬가지였지.

고기를 먹어야 문명인이다!

메이지 정부는 국민들에게 육식을 해야 한다고 선전하기 시작했어. 서양을 따라잡기 위해서는 우선 체질부터 개선해야 하는데, 그러기 위해서는 반드시 서양인들처럼 육식을 해야 한다고 생각했던 거야.

그러나 1200년 동안 육식을 멀리했던 일본인들이야. 갑자기 식습관을 바꾸는 게 어디 쉬운 일이었겠어? 메이지 정부는 한 가지 좋은 아이디어를 떠올렸어. 당시 일본인들 사이에서 존재감을 갖기 시작한 덴노를 이용하기로 했지.

1872년 1월 어느 날 메이지 덴노는 대신들과 저녁 식사를 했는데, 이 자리에서 직접 고기를 먹는 장면을 연출했어. 그리고

낯선 고기 요리
머뭇거리면서 고기 요리를 먹으려는 모습을 담은 그림이야. 오랜 관습을 깨기가 어려웠겠지.

이 사실을 사람들에게도 널리 알렸어. 메이지 덴노에 대한 관심을 이용해서 사람들이 육식에 대해 갖고 있는 거부감을 하루빨리 없애기 위해서였지.

그러나 이 일은 오히려 일부 사람들의 분노를 샀고, 분노를 행동으로 옮기는 사람들도 생겨났어. 앞에서 말한 열 명의 자객 사건도 그렇게 해서 일어났던 거야.

당시 육식에 대한 거부감이 얼마나 컸는지를 보여 주는 글이 하나 있어. 아래의 글을 봐. 지방의 어느 관청에서 붙여 놓은 경고문이야.

"쇠고기는 건강 증진과 체력 보강에 좋은 음식이다. 그런데도 옛 관습에 얽매여 쇠고기를 먹으면 몸과 마음이 부정 탄다고 헛소문을 퍼뜨리는 자들이 있다. 이것은 문명개화를 방해하는 행위다."

문명개화의 흐름은 거침이 없었어. 덴노와 메이지 정부는 물론이고 문명개화에 찬성하는 지식인들도 적극적으로 육식 홍보에 나섰어. "고기는 약인데 먹지 않아 허약해지면 이는 나라의 손실이다." "소고기를 먹지 않으면 개화가 덜 된 녀석이다."

어떤 지식인은 일본의 신토를 내세워 육식을 장려하기도 했어.
"원래 고기를 거부하는 것은 불교의 관습이다. 우리 신토에는 그런 것이 없다. 신에게 짐승의 머리를 바치는 것은 항상 있는 일이다. 고기를 먹는다고 해서 부정 타는 일은 절대 없다."

1200년 동안 육식을 꺼렸던 일본인들. 그러나 정부와 지식인들의 육식 장려책이 통한 걸까? 일본인들 사이에 육식이 점차

소녀도 문명개화의 길로

1871년 12월 23일 도쿄 인근의 요코하마 항. 한 척의 배가 먼 바다로 나아가기 시작했어. 배에는 미국과 유럽으로 가는 사절단 106명이 타고 있었지. 서양 여러 나라들과 맺은 불평등 조약을 개정하는 것이 사절단의 주요 임무였지만, 무엇보다도 중요한 목표는 '문명개화'였어.

"서양에서 선진 문물을 직접 보고 배워 일본의 문명개화에 이바지하자!"

사절단 일행 중 절반가량이 유학생이었던 것도 바로 그런 이유 때문이야.

배에 오른 유학생 중에는 다섯 명의 어린 소녀도 있었어. 그런데 이 가운데 한 명은 여덟 살밖에 안 된 꼬마 소녀, 쓰다 우메코였어. 5년

사절단의 주요 인사들
사절단을 이끈 단장 이와쿠라 도모미가 옛 일본 옷을 차려 입고 중앙에 앉아 있어. 주변의 인물들은 모두 메이지 정부의 주요 세력이란다. 왼쪽에서 두 번째 위치에 서 있는 남자가 훗날 아시아 침략에 앞장선 이토 히로부미야.

전에 사절단으로 미국 생활을 겪어 본 아버지가 여성 교육의 필요성을 느끼고 딸을 유학 보냈지. 쓰다 우메코는 11년간 미국에서 생활하다가 1882년 귀국했어.

미국에서 '문명개화'되어 일본에 온 쓰다 우메코는 자신이 배운 것을 실행에 옮겼어. 여성의 권리가 제한적인 시대였지만, 그녀는 1900년 여자영학숙(지금의 쓰다쥬쿠 대학)을 설립해서 여성 교육에 힘썼고, 수많은 여성 인재를 배출했단다.

퍼져 나갔어.

그러나 육식을 하기로 마음먹는다고 해서 모든 문제가 해결되는 걸까? 아니야. 일본인의 미각과 감성에 맞는 요리여야 했지.

일본인과 서양 요리의 첫 만남은 어땠을까? 다른 나라를 여행할 때 그곳 음식이 입에 잘 맞지 않아서 고생했던 경험은 누구나 한 번쯤은 있을 거야. 일본인들도 마찬가지였어. 게다가 가뜩이나 입에 넣기 싫은 고기로 만든 요리였으니!

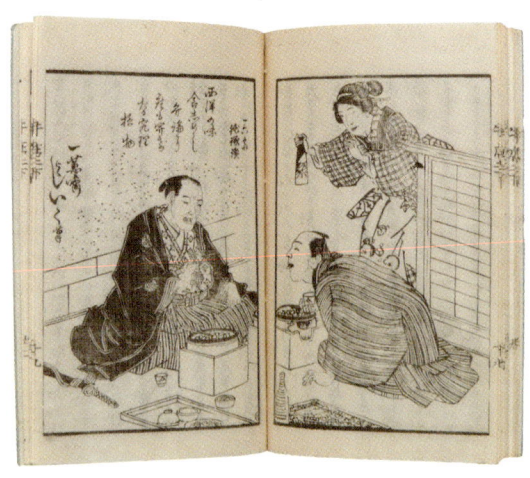

고기 요리를 즐기는 일본인
메이지 정부가 들어서고 얼마 안 있어서 출간된 책에 실린 그림이야. 당시 일본인들이 소고기 요리를 즐기는 모습이란다.

예상대로 서양 요리는 일본인의 미각에 잘 맞지 않았어. 스테이크를 예로 들어 볼까?

그동안 일본인이 주로 먹은 것은 원재료를 그대로 살린 깔끔한 맛의 요리였던 반면, 스테이크는 기름을 사용하여 가열한 요리라 느끼했어.

게다가 일본인은 늘 채소와 밥을 함께 먹었기 때문에 고기만으로 식사를 하는 건 고통스러웠을 거야. 무엇보다도 참기 어려운 건 검붉은 피가 뚝뚝 흐르는 고기의 생김새. 그 혐오스러운 걸 두 눈으로 보면서 익숙하지 않은 나이프와 포크로 쩔쩔매면서 먹는 모습을 한번 상상해 봐!

돈가스의 탄생

1929년 도쿄의 한 음식점에서 특이한 요리를 팔기 시작했어. 그 이름은 '돈가스'. '돈'은 돼지고기를 뜻하는 일본어이고, '가스'는 프랑스어 '코틀레트'를 일본식으로 발음한 거야.

음식점 주인 시마다 신지로는 원래 황실 요리사였어. 황실에서 일할 때부터 서양 요리를 개량하기 위해 다양한 시도를 했지. 시마다 신지로는 오랜 노력 끝에 서양식 스테이크를 개량한 새로운 요리, 돈가스를 탄생시켰단다.

당시는 메이지 정부가 문명개화를 시작한 지 60여 년이 지났을 무렵이야. 이제 육식에 대한 부담을 떨쳐내고 육식을 즐기는 일본인들이 많아졌어. 우리가 즐겨먹는 불고기와 비슷하게 소고

일본식 포크커틀릿을 처음으로 선보인 가게
벽돌을 뜻하는 '렌가'를 음식점 이름에 그대로 써서 '렌가테이'라고 했어. 당시의 돈가스는 아직 일본화가 덜 된 상태라서 포크와 나이프로 썰어서 먹어야 하고, 요즘의 일본 돈가스와 달리 된장국을 곁들여 주지도 않아. 양배추는 서양의 야채라서 샐러드처럼 곁들였다고 해.

돈가스의 탄생 | 149

기 전골이나 스키야키로 요리해 먹기도 하고, 서양식 스테이크를 개량하기도 했지.

그러나 육식은 여전히 일본인들의 마음속에서 왠지 불편한 음식이었어. 1200년이란 긴 시간 동안 길들여진 습관을 바꾸기에 60년은 여전히 짧은 시간이었지. 그 오래된 습관을 일거에 바꾼 음식이 바로 돈가스야. 돈가스는 그 후 지금까지 일본의 대표적인 요리로 사랑받고 있단다.

돈가스의 가장 큰 장점은 원재료의 맛을 최대한 살린 요리라는 거야. 돼지고기를 2.5~3센티미터 두께로 두툼하게 썰어 튀김옷을 입힌 뒤 독특한 가열조리법으로 튀겼는데, 그러면 고기가 기름을 많이 먹지 않았고 고기가 생선처럼 부드러워져 원재료의 맛을 유지할 수 있었어.

또 돈가스 요리는 쌀과 된장국, 그리고 채를 썬 양배추와 함께 상 위에 올랐어. 돈가스의 느끼한 맛을 없애 주었을 뿐 아니라 고기만 먹었을 때의 영양 불균형을 해소하는 효과가 있었지. 게다가 포크와 나이프가 익숙하지 않은 일본인들이 젓가락으로 먹을 수 있도록 돈가스를 썰어서 내왔어. 물론 돈가스와 잘 어울리는 소스도 개발되었지.

돈가스의 가장 큰 장점은 일본인들이 혐

일본의 돈가스
일본식 돈가스 하면 떠오르는 가장 기본적인 형태의 돈가스야. 오늘날에는 다양한 재료와 소스로 여러 종류의 돈가스가 나왔지.

오하는 생고기의 겉모습을 튀김옷으로 감추었다는 거야. 그래서 육식을 끝까지 거부했던 사람들도 돈가스를 통해 육식에 대한 불쾌감이나 공포감을 극복할 수 있었지.

　이처럼 돈가스는 서양의 스테이크가 지닌 장점을 최대한 살리면서도 일본인의 음식 문화에 맞게 새롭게 탄생한 요리야. 그렇게 해서 1200년 동안 고기를 잊었던 일본인에게 고기 맛을 일깨워 주었지. 어때? 앞서 가나 문자에서 보았던 '모방과 창조의 능력'이 돈가스에서도 느껴지지 않니?

서양 화가 고흐, 일본 풍속화를 만나다

〈탕기 영감의 초상〉
고흐의 그림이야. 배경에 일본풍의 그림이 가득 그려져 있어.

한 남성이 정면을 응시한 채 앉아 있구나. 이 그림은 유명 화가 빈센트 반 고흐의 〈탕기 영감의 초상〉이라는 작품이야. 탕기 영감은 가난한 화가 고흐가 작품 활동을 할 수 있도록 후원해 준 사람이야. 고흐는 그런 고마움을 담아 이 그림을 그렸겠지?

그런데 탕기 영감의 뒤가 무척 알록달록해. 자세히 보니 여러 장의 그림들이 뒷벽에 붙어 있구나. 여인을 그린 그림도 있고, 산이나 농촌 풍경을 그린 그림도 있어. 그

고흐가 모사한 우키요에

1855년 프랑스 파리에서 국제만국박람회가 열렸어. 이때 일본에서도 칠기, 자기와 같은 공예품을 박람회에 출품했어. 귀중한 물건이라 운송 도중에 깨지지 않도록 종이로 두껍게 포장을 했는데, 우키요에가 그려진 종이가 재활용되어 포장지로 사용되었던 거야.

우키요에는 유럽에서 큰 인기를 끌었어. 특히 고흐와 같은 유럽 화가들에게 새로운 예술적 영감을 주었지. 일본에서는 포장지였던 것이 유럽으로 건너가 예술품이 되었던 거야.

탕기 영감은 우키요에를 많이 가지고 있었어. 고흐에게 우키요에를 보내 주어 작품 활동에 많은 도움을 주었지. 고흐가 탕기 영감의 초상화를 그릴 때, 굳이 우키요에를 배경으로 삼았던 것도 그런 이유 때문이 아니었을까?

런데 이 그림들에 등장하는 사람과 자연은 아무리 봐도 유럽의 것은 아닌 것 같아. 사실 이 그림들은 일본의 에도 시대에 유행했던 풍속화 '우키요에'란다. 일본 그림이 어떻게 머나먼 유럽에 와 있는 걸까?

| 일본의 랜드마크 도쿄 타워

• 현대 •

지금까지의 일본, 앞으로의 일본 12

- **조몬 시대 기원전 1만 년경**
  세계 최초의 토기 탄생
- **야요이 시대 기원전 300년경**
  한반도에서 벼농사와 철기 전파
- **아스카 시대 600년대 후반**
  덴노 칭호를 사용하기 시작
- **나라 시대 752년**
  도다이지 대불 완성
- **헤이안 시대 1000년대 초반**
  《겐지 모노가타리》 완성
- **가마쿠라 시대 1185년**
  최초의 막부 설립
- **전국 시대 1575년**
  오다 노부나가, 나가시노 전투에서 승리
- **에도 시대 1635년**
  참근교대 제도 시행
- **에도 시대 1700년대**
  스모, 스포츠로 정착
- **메이지 시대 1868년**
  메이지 유신 시작
- **근대 1929년**
  돈가스 탄생
- **현대 1992년**
  마이너스 성장 기록

텔레비전 뉴스에서 일본 소식을 종종 듣게 되는데, 대부분은 기분 나쁜 뉴스들이야. 과거의 침략 전쟁을 부인했다는 둥, 종군 위안부 문제를 모르는 척한다는 둥, 걸핏하면 역사 교과서를 왜곡했다는 둥, 보수 우익 정치인들이 과거사에 대해 망언을 일삼고 있다는 뉴스가 대부분이지. 게다가 최근에는 아베 수상이 일본의 군사대국화를 꿈꾸며 우경화의 길을 걷고 있다는 소식도 자주 들리고 있어.

'왜 자꾸 그럴까?' '정말 화가 난다'라는 생각부터 들지만, 그래도 무작정 화부터 내는 건 바람직하지 않아. 흥분을 가라앉히고 이런 질문을 던져 보면 어떨까? '전쟁으로 수많은 아시아인들이 목숨을 잃었는데 일본은 왜 반성하기는커녕 그런 적이 없

다고 우기는 걸까?' '일본은 전쟁을 일으켰다가 망한 적이 있는데도 왜 또다시 군사대국화를 꿈꾸는 걸까?'

이런 질문을 던지고 답을 찾아봐야 해. 그래야 현재 일본이 어떤 문제를 안고 있는지, 그리고 일본이 앞으로 어떤 방향으로 나아갈지 알 수 있지 않을까?

태평양 전쟁의 A급 전쟁 범죄자가 일본 수상이 되다

전범 재판
전쟁 중에도 지켜야 할 법규가 있고, 이를 어기면 체포하여 처벌할 수 있어. 일본의 전범은 A부터 C까지 등급이 나뉘어 처벌받았는데 이 사진은 1948년 도쿄에서 열린 A급 전범 도조 히데키(원 안의 인물)의 재판 장면이야.

아베 수상을 비롯해서 일본의 보수 우익 정치인들은 왜 자꾸 망언을 하는 걸까? 우리나라를 비롯한 세계 여러 나라가 모두 싫어하는데 말이야. 그 이유를 70년 전 과거로 돌아가서 차근차근 따져 보자.

1945년 8월 15일은 우리에게 광복절이지만, 일본에겐 태평양 전쟁에서 진 날이야. 이때부터 일본의 통치권은 미국이 이끄는 연합국 총사령부로 넘어갔어.

일본을 점령한 미국에게 가장 중요한 과제는 일본의 덴노를 비롯한 전쟁 범죄자(전범)들을 처벌하는 것이었어. 그런데 미국은 앞에서 설명했던 것처럼 덴노 제도를 유지시켰을 뿐 아니라 전쟁을 주도했던 정치가나 고위급 군인들도 대부분 살려 주었어. 왜 그랬을까?

당시 세계 여러 나라들은 미국 중심의 자본주의 진영과 소련(소비에트 연방) 중심의 사회주의 진영으로 나뉘어 대립하고 있었어. 이걸 '냉전'이라고 부르지. 미국은 일본이 자본주의 국가가 되어 미국과 한 편이 되기를 바랐어. 그런데 당시 일본 국내에서는 좌익(사회주의 진영)이 급속히 세력을 넓히고 있었단다.

좌익 세력이 커지는 걸 막으려면, 우익(자본주의 진영) 세력을 키우는 수밖에 없었어. 그런데 당시 우익 중에는 전범이 많았어. 미국은 이들 대부분을 살려 주었고, 그중에는 심지어 국회의원 선거에 당선되어 정치 활동을 다시 시작한 사람도 있었어. 정말 말도 안 되는 일이지?

기시 노부스케도 그런 사람 가운데 한 사람이었어. 태평양 전쟁의 A급 전범 피의자였지만 석방되어 국회의원이 되고, 자유민주당(자민당)을 이끌고, 심지어 일본 수상까지 된 사람이지. 그런데 기시 노부스케는 놀랍게도 아베 수상의 외할아버지야.

자, 그럼 아베 수상이 왜 자꾸 망언을 하는지 짐작이 돼? 과거의 잘못을 반성하면,

冷戰
찰 냉 싸울 전

직접적인 무력 대신 경제, 외교, 정보 등을 활용해서 벌이는 국제적 대립.

기시 노부스케와 아베 신조
사진은 기시 노부스케의 가족 사진이야. 가운데 앉아 있는 기시 노부스케가 한 아이를 안고 있어. 그 아이가 바로 현재 일본 수상 아베 신조야. 사실 아베 신조는 기시 노부스케의 외손자란다.

그건 곧 자신의 외할아버지를 비롯한 선배 정치인들의 잘못을 인정하는 셈이 되는 거야. 또 자기들도 전범과 같은 부류가 되는 거지. 그렇게 되면 국민들이 등을 돌릴 테고, 권력을 지키기가 어렵겠지?

군사대국화를 꿈꾸는 일본

軍事大國化
군사 군 일 사 큰 대
나라 국 될 화

현재 아베 총리를 비롯한 보수 우익 정치인들은 일본의 군사대국화를 꿈꾸고 있어. 과거사를 반성하지 않는 것은 물론이고, 오히려 과거로 되돌아가려 하고 있지. 여기에도 그럴 만한 까닭이 있어. 다시 한 번 70년 전으로 돌아가 보자.

연합국 총사령부가 일본을 점령한 후 가장 먼저 한 일은 헌법 제정(1946년)이었어. 새로운 헌법에서 가장 중요한 조항은 다음

새로운 헌법 제정
헌법 개정안을 받아들이기로 결정하는 모습이야. 새로운 헌법이 발표된 후에 일본에서는 찬성과 반대 의견이 분분했지만 '평화'를 위해 모범이 되는 헌법이라고 차차 받아들였지.

의 두 가지야.

"제1조 덴노는 단지 국가와 국민 통합의 상징이다."

"제9조 일본은 군대를 갖지 않으며, 전쟁을 포기한다."

제1조는 앞에서도 살펴본 것처럼 '상징 덴노제'를 실시한다는 내용이야. 제9조는 일본이 앞으로 또다시 전쟁을 일으키는 것을 막기 위해 넣은 조항이지. 이 두 조항 때문에 일본 헌법은 '평화 헌법'으로 불리기도 해.

그런데 최근 보수 우익 정치인들이 평화 헌법을 개정하려 하고 있어. 우선 1조의 내용을 수정하여 덴노의 실제 권력을 강화하자고 주장해. 150년 전의 메이지 덴노 때처럼 말이야. 그러나 그들이 더 큰 관심을 기울이는 건 헌법 9조야. 헌법 9조를 개정해서 일본이 다시 군사대국이 되는 꿈을 꾸고 있는 거지.

그런데 일본의 보수 우익 정치인들은 왜 평화 헌법 개정과 군사대국화를 외치는 걸까? 그건 일본의 경제적 상황과 밀접한 관련이 있어.

70년 전 일본은 태평양 전쟁으로 국가경제 기반이 완전히 무너졌지만, 1950~53년의 한국 전쟁 덕분에 미군과 유엔군의 군수 물자를 조달하면서 경제를 다시 일으킬 수 있었어. 이후 일본 경제는 고속성장을 시작했고, 1964년에는 도쿄 올림픽을 개최할 정도로 발전을 이룩했어. 결국 일본은 1980년대에 접어들면서 미국에 버금가는 세계 2위의 경제대국이 되었단다.

도쿄 올림픽
군수 산업으로 경제를 일으킨 일본은 1964년에 도쿄 올림픽을 개최했어.

그러나 잘나가던 일본 경제는 1990년대에 들어와 주춤하기 시작했고, 1992년에는 처음으로 마이너스 성장을 기록했어. 일본 사회는 불황에 빠졌고, 이후에도 제자리를 맴돌다가 2010년에는 경제대국 2위 자리를 중국에 내주고 말았단다. 지금도 장기 불황은 계속 이어지고 있어.

20년의 장기 불황은 일본인들을 고통으로 내몰았어. 평생의 보금자리로 여겼던 직장에서 쫓겨난 사람, 비정규직 노동으로 겨우 생계를 꾸리는 사람, 가난에 허덕이다 노숙자가 된 사람 등등. 경제를 살리지 못한 정치권에 대한 국민들의 불만도 커져 갔지. 게다가 2011년에 터진 동일본 대지진과 후쿠시마 원전 사고는 국민들의 불만에 기름을 붓는 격이었단다.

보수 우익 정치인들은 국민들의 불만을 해소할 방법을 모색해야 했어. 그래서 떠올린 것이 바로 평화 헌법 개정과 군사대국화 운동이야. 과거 강대국 시절의 영광을 되찾자며 국민들을 선동하는 거지.

일본 경제를 살린 '3종 신기'

세탁기, 냉장고, 흑백 텔레비전. 우리가 보기엔 그냥 평범한 가전제품인데, 일본인들에게는 특별한 의미가 있는 모양이야. 이 세 가지 제품을 '3종 신기'라고 부르는 걸 보면 말이지. 아마테라스가 땅으로 내려가는 손자 니니기에게 준 곡옥, 거울, 검을 3종 신기라고 했던 거 기억나지? 덴무 덴노 이후 역대 덴노가 물려받아 지금까지 전해지고 있는 보물이라고 하지. 세 가지 제품이 일본 경제를 되살리는 데 얼마나 큰 역할을 했으면, '3종 신기'라는 귀한 보물에 비유했을까 하는 생각이 드는구나.

전자제품을 둘러보는 가족
한 가족이 가전제품이 진열된 가게를 둘러보고 있어. 1950년대 일본 경제가 살아나면서 세탁기, 냉장고, 텔레비전 등 가전제품이 여러 가정에 보급되었어.

그러나 3종 신기로도 어쩔 수 없었던 걸까? 1990년대 이후 일본은 장기 불황에 빠졌어. 2000년대에 들어 장기 불황에서 벗어나기 위해 안간힘을 쓰고 있는데, 이번에도 그 움직임을 세 가지 제품이 주도하고 있어. 이번에는 디지털 카메라, 디브이디 레코더, 고화질 텔레비전이 그 주인공이야. 그래서 이들을 '신' 3종 신기라고 하는데, 그 이름에 걸맞게 일본 경제를 살려낼 수 있을까?

한국과 중국에는 반일 감정을 일으키고, 일본인들도 반한, 반중 감정을 갖도록 부추기면서 말이야. 그렇게 해서 정치권에 쌓인 국민들의 불만을 밖으로 돌리는 거지.

화해와 공존을 위한 모색

과거의 잘못을 부정하고 잘못된 과거로 돌아가려는 일본인이 참 많은 것 같구나. 그렇다고 해서 너무 실망할 필요는 없어. 보수 우익 세력에 맞서 싸우고, 더 나아가 아시아의 화해와 공존을 위해 노력하는 일본인도 그만큼이나 많거든.

일본 수상 중에 망언을 일삼는 수상만 있었던 건 아니야. 과거사를 반성하고 사과한 수상도 있었어. 1995년 8월 15일 종전 50주년 기념일을 맞이해서 무라야마 도미이치 수상이 담화문을

일본의 군사대국화를 지지하는 시위
일본 제국주의와 군국주의의 상징인 욱일승천기를 들고 시위를 벌이는 모습이야. 태평양 전쟁 때의 일본 군복을 입은 사람이 보이는구나.

무라야마 도미이치 전 수상
도쿄 메이지 대학에서 무라야마 담화의 역사적 의미에 대해 강연을 하는 모습이야. 무라야마 도미이치는 1994년부터 1996년까지 일본의 수상을 맡았단다.

발표했어.

"식민지 지배와 침략으로 아시아 여러 나라의 국민들에게 많은 손해와 고통을 주었습니다. 이러한 역사적 사실을 겸허하게 받아들여 통절한 반성의 뜻을 표하며 진심으로 사죄합니다."

자, 그럼 이번에는 12년 후의 미국으로 건너가 볼까? 2007년 7월 30일 미국 하원 본회의. 이날 '종군 위안부 결의안'이 통과되었어. 결의안의 내용은 "일본 군대가 아시아와 태평양 제도의 젊은 여성들을 위안부로 강제 동원한 역사적 책임을 일본 정부는 공식적으로 인정하고 사과해야 한다."는 것이었어.

그런데 이 결의안을 제출한 사람은 놀랍게도 일본계 미국인 마이클 혼다 하원의원이었어. 자식이 부모의 나라를 비판한 셈이었지. 결의안이 통과되자 일본의 보수 우익 세력들은 혼다 의원이 일본을 욕보였다며 비난했어. 그러나 혼다는 부모의 나라

한·중·일이 함께 만든 역사 교재
한국, 중국, 일본 세 나라의 공동역사편찬위원회가 4년 동안 함께 연구해서 펴낸 동아시아 근현대사 교재야.

일본이 미워서 그런 건 절대 아니었어. 일본이 미래에 진정한 세계의 리더가 되려면, 우선 과거사를 반성하고 사과해야 한다고 생각했던 거야.

　일본과 아시아 여러 나라의 화해와 공존은 일부 정치인들의 노력만으로는 이루어질 수 없어. 수많은 시민 단체들이 활동하고 있는데, 공동역사교과서 제작도 대표적인 활동 가운데 하나야. 일본의 역사교과서 왜곡에 맞서, 일본의 진보적인 역사 교사들이 한국, 중국의 역사 교사들과 힘을 모아 공동

역사교과서를 제작하고 있지. 이미 열 종 가까이 출간되었어.

　지금까지 우리는 일본의 어두운 모습과 밝은 모습을 모두 들여다 보았어. 현재 일본에는 절망적인 모습이 많아 보이는 게 사실이야. 과거사 부정, 정치인의 망언, 군사대국화 등. 그러나 희망적인 소식도 많이 들려오고 있어. 과거사에 대한 사과와 반성, 화해와 공존의 움직임 등.

　그렇다면 문제는 지금부터야. 절망이 이길까? 희망이 이길까? 과연 일본의 미래는 어떤 모습일까?

전 세계인의 재앙, 후쿠시마 원전 사고

2011년 3월 11일 일본 도호쿠 지방에서 리히터 규모 9.0의 대지진이 일어났어. 일본에서 지진을 관측한 이래 가장 큰 지진이었고, 1900년 이후 세계에서 일어난 지진 가운데 네 번째로 큰 규모였다고 해. 강진에다가 쓰나미까지 동부 해안을 덮쳐 수많은 사람들의 목숨을 앗아갔지. 약 2만 명이 죽거나 실종되고 10만 명이 넘는 이재민이 발생했다는구나.

그런데 지진이 발생하고 3일이 지나 더 끔찍한 소식이 들려왔어. 쓰나미의 여파로 후쿠시마 원자력 발전소의 전원 공급이 중단되면서 방사능 누출 사고가 발생했다는 거야. 자연재해 때문에 일어난 사고이긴 했지만, 그래도 충분히 막을 수 있었는데 신속히 대응하지 못해 일어난 인재여서 더욱 안타까웠지.

이 환경 재앙의 결과는 너무나도 참혹했어. 사고가 일어나자 후쿠시마 주민들은 다른 지방으로 대피해야 했고, 원자력 발전소의 반경 40킬로미터는 아무도 살 수 없는 죽음의 땅이 되었단다.

후쿠시마 원전 사고는 결코 일본만의 문제가 아니야. 전 세계인들의 삶에도 영향을 끼치는 세계적인 문제지. 방사능 물질이 바람을 타고 사방으로 떠돌며 여러 나라 사람들을 공포에 떨게 하고 있어. 방사능 오염수가 바다로 유출되어 주변 바다를 오염시키고 있다는 소식에, 예전처럼 해산물을 마음 편히 먹지도 못하고 있지.

일본의 방사능 유출 사고는 전 세계인에게 큰 교훈을 주고 있어. 인간은 원자력 발전이라는 기술로 값싼 에너지를 생산할 수 있었지만, 그로 인해 일어날 수 있는 환경 재앙을 근본적으로 막는 것은 불가능하다는 교훈을 말이야. 이와 같은 일이 다시는 일어나지 않도록 우리 모두가 힘을 모아야 할 것 같구나.

두 나라의 원전 반대 시위
후쿠시마 원전 사고 이후 당시의 재앙을 잊지 말고, 앞으로 벌어질 수 있는 재난을 막자며 원전 반대의 목소리를 높이는 사람들이 많아졌어. 사진은 사고가 일어난 지 3년째 되는 해를 맞이하여 한국과 일본 두 나라에서 원전 반대 시위와 행진을 벌이는 모습이야.

| 《일본사 편지》에 나오는 일본과 우리나라의 흐름 비교 연표 |

시대	연도	일본	우리나라
	약 2500만 년 전	일본 열도 형성	
조몬	기원전		
	1만 년경	세계 최초의 토기 탄생	
야요이	300년경	한반도에서 벼농사와 철기 전해짐	
	108년경		고조선 멸망
	기원후		
	57년	노국 왕, 후한에 사신 파견	
		한위노국왕 인장을 받음	
고분	391~413년		광개토대왕의 치세
	5세기경	왕인이 《논어》와 《천자문》을 전해줌	
	523년		무령왕 사망
아스카	552년	백제 성왕이 불교를 전함	
	600년	1차 견수사 파견	
	630년	1차 견당사 파견	
	663년	백제를 돕기 위해 구원군 파견	백촌강 전투 일어남
		나당 연합군에 패배	
	668년		고구려 멸망
	673년	덴무 덴노 즉위	
나라	712년	《고사기》 완성	
	720년	《일본서기》 완성	
	724년	쇼무 덴노 즉위	
	734년	당나라 유학생 세이신세이 사망	
	751년		석굴암 창건
	752년	도다이지 대불 완성	
헤이안	894년	견당사 파견 중지	
	918년		고려 건국
	935년		통일신라 멸망
	1027년	후지와라노 미치나가 사망	
가마쿠라	1192년	미나모토노 요리토모, 쇼군이 됨	
	1196년		최충헌이 최씨 정권을 세움
	1274년	몽골의 1차 침입	
	1281년	몽골의 2차 침입	
무로마치	1392년		조선 건국
	1543년	포르투갈인이 총 전래	
	1549년	프란시스코 자비에르, 일본에서 선교 활동 시작	

시대	연도	일본	우리나라
전국	1575년	오다 노부나가, 나가시노 전투에서 승리	
	1592년		임진왜란이 일어남
	1598년	도요토미 히데요시 사망	
	1600년	도쿠가와 이에야스, 세키가하라 전투에서 승리	
에도	1635년	참근교대 제도 시행	
	1636년		병자호란이 일어남
	1681년	우키요에 화풍 등장	
	1853년	미국의 페리 제독이 개항을 요구	
	1867년	쇼군이 덴노에게 정권을 반납함	
메이지	1871년	이와쿠라 사절단 파견	
	1876년		강화도 조약
	1889년	메이지 헌법 공포	
	1894~1895년	청일 전쟁이 일어남	
	1897년		대한제국 선포
	1904~1905년	러일 전쟁이 일어남	
	1910년	한일 병합	
다이쇼	1912년	다이쇼 덴노 즉위	
	1914년	1차 세계 대전 일어남	
	1919년		3·1 운동이 일어남
	1926년	쇼와 덴노 즉위	
쇼와	1931년	만주를 침략함	
	1941년	태평양 전쟁을 일으킴	
	1945년	패전	광복
	1946년	새로운 헌법 공포	
	1946~1948년	도쿄 전범 재판	
	1950~1953년		한국 전쟁이 일어남
	1954년	자위대 발족	
	1964년	OECD 가입	
		도쿄 올림픽 개최	
	1965년	한일협정 체결	
	1970년	오사카 엑스포 개최	
	1988년		서울 올림픽 개최
헤이세이	1992년	마이너스 성장 기록	
	2002년	한일 월드컵 공동 개최	한일 월드컵 공동 개최
	2011년	동일본 대지진	
		후쿠시마 원전 사고	

● 참고한 책과 자료

가리야 데스 지음, 슈가 사토 그림, 김원식 옮김, 《천황을 알아야 일본이 보인다》, 세계인, 2002.
고모리 요이치 지음, 송태욱 옮김, 《1945년 8월 15일, 천황 히로히토는 이렇게 말하였다 – '종전 조서' 800자로 전후 일본 다시 읽기》, 뿌리와이파리, 2004.
고미 후미히코 외 지음, 한은미 옮김, 《2천년 일본사를 만든 일본인 이야기》, 이손, 2003.
고바야시 다다시 지음, 이세경 옮김, 《일본미술의 혼 – 우키요에의 미》, 이다미디어, 2004.
고토 야스시 외 지음, 이남희 옮김, 《천황의 나라 일본 – 일본의 역사와 천황제》, 예문서원, 2006.
구스도 요시아키 지음, 조양욱 옮김, 《노부나가·히데요시·이에야스의 천하제패 경영》, 경영정신, 2000.
구태훈 지음, 《일본사 Keyword 30》, 재팬리서치21, 2012.
국중호 지음, 《호리병 속의 일본》, 한울, 2013.
김병두 지음, 《풍속화 속의 에도》, 동일출판사, 2005.
김석근 외 지음, 《일본을 강하게 만든 문화코드 16》, 나무와숲, 2010.
김현구 지음, 《김현구 교수의 일본 이야기》, 창비, 1996.
김후련 지음, 《일본 신화와 천황제 이데올로기 – 신화와 역사 사이에서》, 책세상, 2012.
김희영 지음, 《이야기 일본사》, 청아출판사, 2006.
니시지마 사다오 지음, 이성시 엮음, 송완범 옮김, 《일본의 고대사 인식 – '동아시아세계론'과 일본》, 역사비평사, 2008.
니토베 이나조 지음, 양경미·권만규 옮김, 《사무라이 – 무사도를 통해 본 일본 정신의 뿌리와 그 정체성》, 생각의나무, 2004.
다카시로 고이치 지음, 《일본의 이중권력, 쇼군과 천황》, 살림, 2006.
다카하시 치하야 지음, 김순희 옮김, 《에도의 여행자들》, 효형출판, 2004.
다케다 이즈모 외 지음, 최관 옮김, 《47인의 사무라이 – 완역 가나데혼 주신구라》, 고려대학교출판부, 2007.
다키자와 아타루 지음, 이서연 옮김, 《그들의 운명을 가른 건 정치력이었다 – 노부나가에서 히데요시, 이에야스까지 모든 것이 정치력에 좌우되는 격변의 시대를 살아간 남자들의 이야기》, 사이, 2010.
로널드 토비 지음, 허은주 옮김, 《일본 근세의 '쇄국'이라는 외교》, 창해, 2013.
루스 베네딕트 지음, 김윤식·오인석 옮김, 《국화와 칼: 일본 문화의 틀》, 을유문화사, 2008.
마리우스 B. 잰슨 지음, 김우영 외 옮김, 《현대일본을 찾아서》1·2, 이산, 2006.
마쓰무라 아키라 지음, 윤철규 옮김, 《절대지식 일본고전 – 한권으로 읽는 일본의 모든 것》, 이다미디어, 2011.
모로 미야 지음, 김택규 옮김, 《이야기 일본 – 닌자와 하이쿠 문화의 나라》, 일빛, 2007.
모로 미야 지음, 노만수 옮김, 《헤이안 일본 – 일본 귀족 문화의 원류》, 일빛, 2008.
모로 미야 지음, 허유영 옮김, 《에도 일본》, 일빛, 2006.
박경희 엮음, 《연표와 사진으로 보는 일본사》, 일빛, 1999.
박규태 지음, 《아마테라스에서 모노노케 히메까지》, 책세상, 2001.

박규태 지음, 《일본 정신의 풍경 - 일본문화의 내면을 읽는 열 가지 키워드》, 한길사, 2009.
박규태 지음, 《일본의 신사》, 살림, 2005.
박유하 지음, 《제국의 위안부 - 식민지지배와 기억의 투쟁》, 뿌리와이파리, 2013.
박유하 지음, 《화해를 위해서 - 교과서·위안부·야스쿠니·독도》, 뿌리와이파리, 2005.
박형준 지음, 《일본을 바꾼 동일본 대지진》, 논형, 2012.
부산역사교사모임, 양산역사교사모임 지음, 《일본고대사여행, 동아시아인의 길을 따라》, 너머북스, 2012.
스와 하루오 지음, 이명옥 옮김, 《세 개의 키워드로 본 일본인 - 다신교 문화를 통해 본 일본인의 의식 구조》, 열린책들, 2012.
스티븐 턴불 지음, 남정우 옮김, 《사무라이》, 플래닛미디어, 2010.
심훈 지음, 《일본을 보면 한국이 보인다 - 심훈 교수의 신일본견문록》, 한울, 2012.
아미노 요시히꼬 지음, 박훈 옮김, 《일본이란 무엇인가》, 창작과비평사, 2003.
아사오 나오히로 외 엮음, 이계황 외 옮김, 《새로 쓴 일본사》, 창작과비평사, 2003.
아키야마 데루카즈 지음, 이성미 옮김, 《일본회화사》, 소와당, 2010.
안혜정 지음, 《내가 만난 일본미술 이야기》, 아트북스, 2003.
앤드루 고든 지음, 김우영 옮김, 《현대일본의 역사》, 이산, 2005.
야마모토 시치헤이 지음, 고경문 옮김, 《일본인이란 무엇인가》, 페이퍼로드, 2012.
야마모토 시치헤이 지음, 박선영 옮김, 《기다림의 칼 - 100년의 잔혹시대를 끝낸 도쿠가와 이에야스》, 21세기북스, 2010.
야마모토 히로후미 감수, 이재석 옮김, 《교양인을 위한 일본사》, 청어람미디어, 2002.
야마지 아이잔 지음, 김소영 옮김, 《도요토미 히데요시 - 일본을 유혹한 남자》, 21세기북스, 2012.
오구마 에이지 지음, 한철호 옮김, 《일본이라는 나라? - 친절하면서도 간결한 일본 근현대사》, 책과함께, 2007.
오야마 세이이치 지음, 서각수·연민수 옮김, 《일본서기와 천황제의 창출 - 후지와라노 후히토의 구상》, 동북아역사재단, 2012.
오카다 데쓰 지음, 정순분 옮김, 《돈가스의 탄생 - 튀김옷을 입은 일본근대사》, 뿌리와이파리, 2006.
와키모토 유이치 지음, 강신규 옮김, 《거상들의 시대》, 한스미디어, 2008.
요시노 마코토 지음, 한철호 옮김, 《동아시아 속의 한일 2천년사》, 책과함께, 2005.
요시다 시게루 외 지음, 이언숙 옮김, 《사건과 에피소드로 보는 도쿠가와 3대》, 청어람미디어, 2003.
우메사오 다다오 엮음, 최경국 옮김, 《일본문명의 77가지 열쇠》, 창해, 2007.
이에나가 사부로 지음, 이영 옮김, 《일본문화사》, 까치글방, 1999.
이연식 지음, 《유혹하는 그림, 우키요에-우키요에를 따라 일본 에도 시대를 거닐다》, 아트북스, 2009.
이와나미 신서 편집부 엮음, 서민교 옮김, 《일본 근현대사를 어떻게 볼 것인가》, 어문학사, 2013.

이케가미 에이코 지음, 남명수 옮김, 《사무라이의 나라 – 집단주의와 개인성의 이상한 조합》, 지식노마드, 2008.
일본사학회 지음, 《아틀라스 일본사》, 사계절, 2011.
일본역사교육자협의회 엮음, 송완범 외 옮김, 《동아시아 역사와 일본》, 동아시아, 2005.
전국역사교사모임 지음, 《처음 읽는 일본사 – 덴노·무사·상인의 삼중주, 일본》, 휴머니스트, 2013.
정재정 지음, 《교토에서 본 한일통사》, 효형출판, 2007.
정하미 지음, 《일본의 서양문화 수용사》, 살림, 2005.
정혜선 지음, 《일본사 다이제스트 100》, 가람기획, 2011.
정혜선 지음, 《한국인의 일본사》, 현암사, 2008.
조명철 외 지음, 《일본인의 선택》, 다른세상, 2002.
조양욱 지음, 《일본 지식 채널 – 가보지 않아도 알 수 있는 일본의 모든 것》, 예담, 2008.
쯔데 히로시 지음, 고분문화연구회 옮김, 《왕릉의 고고학》, 진인진, 2011.
카와이 아츠시 지음, 원지연 옮김, 《하룻밤에 읽는 일본사》, 랜덤하우스코리아, 2007.
타임라이프 북스 지음, 김훈 옮김, 《사무라이와 쇼군의 후예들》, 가람기획, 2005.
폴 발리 지음, 박규태 옮김, 《일본문화사 – 조몬 토기부터 요시모토 바나나까지》, 경당, 2011.
피터 루이스 지음, 김일현 옮김, 《닌자 이야기》, 황금가지, 2003.
함동주 지음, 《천황제 근대국가의 탄생》, 창비, 2009.
호사카 유지 지음, 《조선 선비와 일본 사무라이》, 김영사, 2007.
홍하상 지음, 《오사카 상인들: 하늘이 두 쪽 나도 노렌은 지킨다》, 효형출판, 2008.
황영식 지음, 《맨눈으로 보는 일본 – 과거와 현재를 잇는 키워드 77》, 모티브, 2003.
후지이 조지 외 지음, 박진한 외 옮김, 《쇼군 천황 국민 – 에도시대부터 현재까지 일본의 역사》, 서해문집, 2012.

● 사진 자료

국립중앙박물관 - 빗살무늬 토기 13
육군박물관 - 부산진 순절도 92
동북아지석묘연구소 - 규슈 고인돌 18
연합포토 - 하니와 36, 37, 아키히토 덴노 부부 137, 도쿄 올림픽 160, 우익 단체의 시위 162, 무라야마 도미이치 강연 162, 한중일 공동 역사 교재 163, 원전 반대 시위 166, 167
일본국토성 - 다이센 고분 36
가람기획《사무라이와 쇼군의 후예들》 - 《겐지 모노가타리》의 한 장면 67, 사무라이 70
최성우 - 오사카 108
블로거 NuRi(http://nuridol.egloos.com/1385678) - 돈가스 전문점 렌가테이 149

이 책에 실은 모든 도판과 자료는 출처를 찾아 저작권자의 허락을 받기 위해 노력했습니다. 허가를 받지 못한 일부 도판은 저작권자가 확인되는 대로 정식 절차를 통해 허가를 받고 통상의 사용료를 지불하겠습니다. 사진 게재를 도와주신 모든 분들에게 감사드립니다.

찾아보기

【ㄱ】

가나 문자 59, 62
가마쿠라 75
가마쿠라 시대 75
가미카제 특공대 136
가부키 122
가타카나 59
개항 116, 128, 144
《겐지 모노가타리》 66
견당사 47, 62
견신라사 50
고려복신 54
고분 35
《고사기》 40, 62, 132
고시엔 121
고인돌 18
공동역사교과서 164
교키 54
국기관 116
국풍 문화 62
기독교 97
기시 노부스케 157
기요미즈데라 69

【ㄴ】

나가시노 전투 86
나당연합군 47
나라 시대 52
닌자 81

【ㄷ】

다이묘 78, 87, 102
다이쇼 덴노 133
다케다 신겐 88
다케자키 스에나가 72, 76
단군 신화 42
데미즈야 26
덴무 덴노 39, 52, 142
도다이지 51, 60
도다이지 대불 53, 68
도리이 26
도요토미 히데요시 89
도쿄 올림픽 159
도쿠가와 이에미쓰 101
도쿠가와 이에야스 93, 108, 127
도효 117
돈가스 141, 149
동일본 대지진 161

【ㄹ】

렌가테이 149

【ㅁ】

마쓰리 29
마이너스 성장 160
마이클 혼다 163
막부 75
맥아더 134
메이지 덴노 131, 145
메이지 유신 131
무가제법도 102
무라사키 시키부 66
무라야마 도미이치 162
무령왕릉 46
무사단 74
문명개화 145
미나모토노 요리토모 74, 126

【ㅂ】

반일 감정 162
배전 27
본전 27
불평등 조약 130, 133, 144
빈센트 반 고흐 152

【ㅅ】

사무라이 74
사무라이 정신 79
사절단 147
47명의 사무라이 82
3종 신기 41, 161
세이신세이 48
세종대왕 64
세키가하라 전투 94
쇼군 74, 127
쇼무 덴노 52, 57, 60, 113
쇼소인 57
쇼와 덴노 134
스모 111
시마다 신지로 149
신사 참배 138

신토 21, 39, 68, 112, 117, 142
실크로드 56
심상 55
쓰나미 166
쓰다 우메코 147
씨름 111

【ㅇ】

아마테라스 39, 69, 106, 117, 133
아베 신조 157
아사노 나가노리 82
아스카 시대 37
아코 번 82
아키히토 덴노 137
애니미즘 16
야마토 왕조 37
야스쿠니 신사 136, 138
야요이 시대 19, 34
에도 막부 78, 93, 114
에스파냐(스페인) 87, 97
여몽연합군 73
여행 안내서 107
오다 노부나가 86
오사카 108
오현비파 56
왕인 55, 62
요도야 조안 108
우키요에 115, 153
원자 폭탄 134
유도 114
유시마 성당 45
육식 금지령 142

이세 신궁 106
이즈모 신사 28, 122
2차 세계 대전 134
이치카와 단주로 123
《일본서기》 40, 62
일장기 33
임진왜란 91

【ㅈ】

전범(전쟁 범죄자) 156
제국주의 137
조몬 시대 13
조몬 토기 13
조선통신사 106
존왕양이 131
주자학 78
진무 덴노 41, 133

【ㅊ】

참근교대 102
천자문 54
총 87, 97

【ㅌ】

〈탕기 영감의 초상〉 150
태평양 전쟁 134, 159

【ㅍ】

페리 제독 128

평화 헌법 159
포르투갈 87, 97
프란시스코 자비에르 96

【ㅎ】

하니와 36
한국 전쟁 134, 159
한글 64
한위노국왕 31
한자 45, 59, 62
헌법 9조 159
헤이안 시대 60, 113
헤이안쿄 60
화엄종 55
후지산 100
후지와라 가문 61, 113
후지와라노 미치나가 61
후쿠시마 원전 사고 161, 167
흑선 128
히라가나 59

처음 읽는 이웃 나라 역사

일본사 편지

1판 1쇄 발행 2017년 4월 7일
1판 3쇄 발행 2019년 6월 9일

글 | 강창훈
그림 | 이갑규

펴낸이 | 류종필
편집 | 장이린
마케팅 | 김연일, 김유리
디자인 | map.ing_이소영

펴낸곳 | (주)도서출판 책과함께
주소 | 서울시 마포구 동교로 70 소와소빌딩 2층
전화 | 02-335-1982 팩스 | 02-335-1316
전자우편 | prpub@hanmail.net
블로그 | blog.naver.com/prpub
등록 | 2003년 4월 3일 제25100-2003-392호
ISBN | 978-89-97735-48-8 73900

이 책의 저작권은 지은이 강창훈과 그린이 이갑규, (주)도서출판 책과함께에 있습니다.
이 책의 내용을 이용하려면 저작권자와 출판사에게 모두 서면동의를 받아야 합니다.
잘못된 책은 구입하신 서점에서 바꾸어 드립니다.

이 도서의 국립중앙도서관 출판시도서목록(CIP)은 서지정보유통지원시스템 홈페이지(http://seoji.go.kr)와
국가자료공동목록시스템(http://www.nl.go.kr/kolisnet)에서 이용하실 수 있습니다(CIP제어번호: 2014027356).